HB Bild atlas

Liebe Leserinnen, liebe Leser!

Der Fotograf Martin Kirchner ist in Berlin zu Hause. Auf seinen vielen Kurzbesuchen in Dresden ist es ihm ein leichtes gewesen, spannende Motive für diesen HB Bildatlas zu finden.

Gisela Buddée, freie Autorin vor allem von Reiseliteratur, hat bereits mehrere HB Bildatlanten geschrieben.

›Dresden ist ein Dreiklang von Geschichte, Kultur und Natur‹. Man kann Erich Kästners Beschreibung für Schwärmerei halten – bis man nach Dresden kommt. Dann steht man am Elbufer und staunt über diesen trägen Fluss, scheinbar nur dazu geschaffen, die Silhouette der Altstadt mit ihren Prachtbauten zu spiegeln, als ob der einfache Anblick nicht genügte. Heute ist kaum noch vorstellbar, dass diese Stadt, kurz vor Ende des Zweiten Weltkriegs, verschwunden war, von Bomben zerstört. Nicht alles lässt sich rekonstruieren, aber der Wiederaufbau dessen, was Dresdnern ihr Lebensgefühl gab, das schöne Herz der Stadt, ist fast vollendet.

Es gibt viel zu erleben: Einzigartige Kulturschätze wie die weltberühmten Staatlichen Kunstsammlungen, eine Aufführung in der allseits beliebten Semperoper oder die experimentierfreudige Theaterszene. Dresden hat zudem eine der landschaftlich herrlichsten Umgebungen aller deutschen Großstädte. Eine Radtour die aussichtsreichen Elbauen entlang, eine Schaufelraddampferfahrt und erst recht die Sächsische Schweiz sollte man sich nicht entgehen lassen!

Die jungen Dresdner genießen die Schönheit der Stadt in den lauen Sommernächten auf den Elbwiesen und feiern in der Kneipenszene, die in der Neustadt ihre bunten Blüten treibt. Und so sind auch ihnen, ganz unabsichtlich, die lebensfrohen Wettiner ein Vorbild.

Erholsame und spannende Tage und Nächte in Dresden wünscht

Ihr HB-Bildatlas-Team

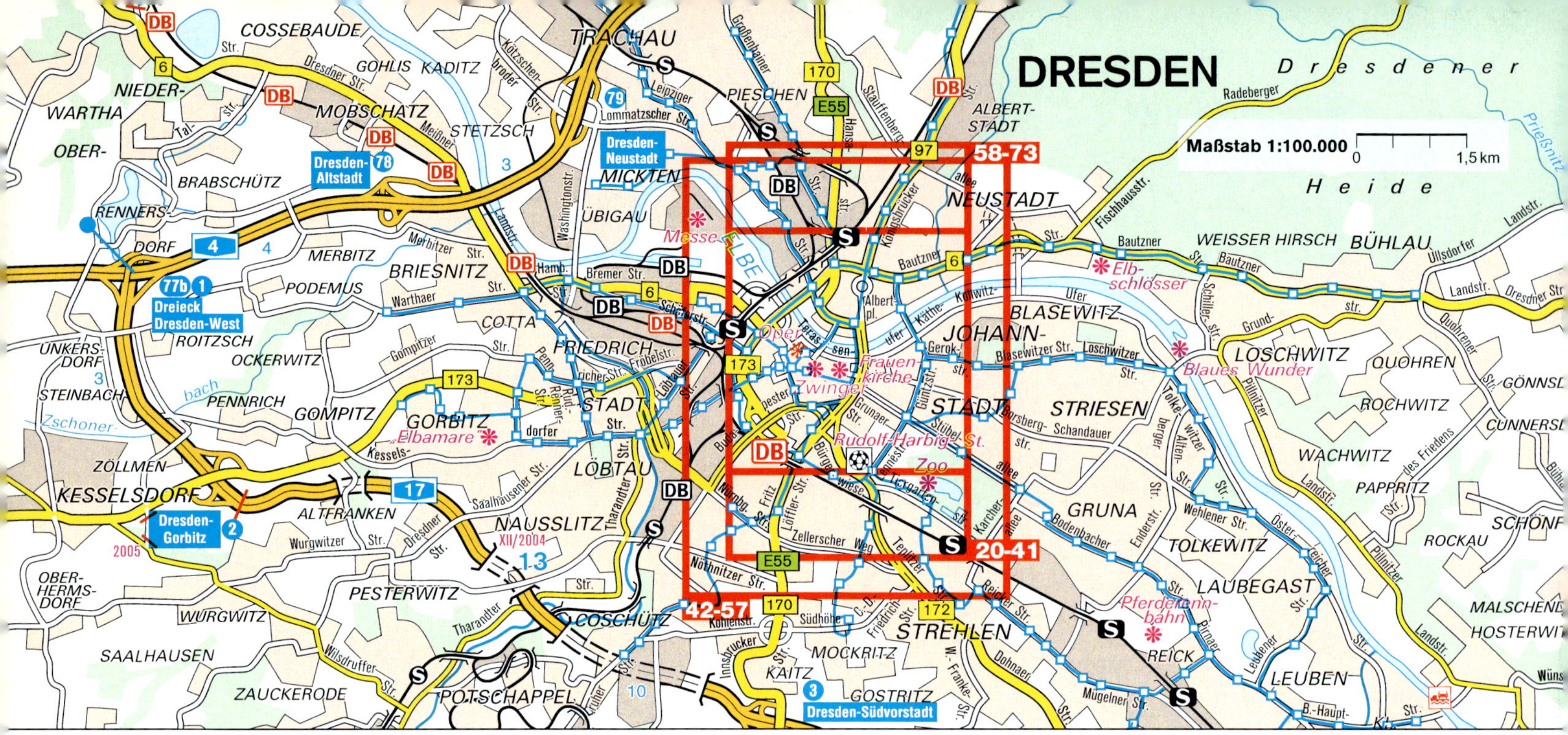

Umzug beim Radebeuler Herbst- und Weinfest

Dresden mit Umgebung als Bilderbogen: Prächtige Altstadt, lebendige Semperoper, weltberühmter Zwinger, heiteres Schloss Pillnitz und grandiose Bastei-Aussicht.

Geliebter August

Gut 60 Jahre haben August der Starke und sein Sohn gebraucht, um aus einer unspektakulären Residenzstadt ein Elbflorenz werden zu lassen, dessen Schönheit die Dichter priesen. Eine Kriegsnacht genügte, das barocke Kunstwerk zu zerstören. Gleich danach begann mit dem schönsten Gebäude, dem Zwinger, der Wiederaufbau. Dresdner haben gesammelt, geworben und gesungen, damit 60 Jahre später mit der Frauenkirche wieder fast alles so ist wie es war.

Sächsische Schatztruhe

Als süchtige Sammler und Kunstbesessene haben Dresdens Fürsten aus aller Welt zusammengetragen, was heute noch schön und wertvoll ist, kostbares Porzellan und berühmte Gemälde und auch Luxus-Nippes in unglaublicher Fülle. Man wandert von Museum zu Museum und kommt aus dem Staunen nicht heraus. Fast selbstverständlich,

Zur Dampferparade am 1. Mai fahren neun historische Schaufelraddampfer die Elbe entlang

dass das kunstsinnige Flair Dichter und Maler und Komponisten anzog.

Chips und Chancen

In der Inneren Neustadt kommt man an der eleganten Einkaufsmeile der Königstraße nicht vorbei, die zur schönsten Dresdner Barockstraße restauriert wurde. Die Äußere Neustadt ist fast als Dresdens ›Prenzlauer Berg‹ zu bezeichnen. Hier hat sich seit der Wende eine ganz eigene bunte Blüten treibende Szene mit vielen Kneipen, kleinen Läden, Bühnen, Galerien und Treffs entwickelt. Als ›Bunte Republik Neustadt‹ feiert das Viertel ein beliebtes Sommerfest.

Blaue und andere Wunder

Wer Erholung sucht, hat es in Dresden nicht weit: Es gibt endlose Elbauen, den Großen Garten und Villenviertel an den Hängen der Weinberge, für die Schiller schon schwärmte und die nichts von ihrem Zauber eingebüßt haben. Schloss Pillnitz ist immer wieder einen Ausflug wert, am besten mit dem Schaufelraddampfer oder per Fahrrad. Dazu müsste man jedoch einen der vielen Biergärten an der Elbe verlassen.

Sandstein, Wald und Wein

Hat man die Stadt Richtung Südosten hinter sich gelassen, wachsen bizarre Felsen und Türme aus dichtem Wald, klettern Menschen in luftiger Höhe – da hält mancher den Atem an. Die Bilderbuchlandschaft der Romantiker ist wie geschaffen für Felsenbühne und Musik vor einer Sandsteinkulisse. Nach Nordosten geht's zur Weinprobe oder zum Porzellan mit den kobaltblauen Schwertern nach Meißen. Wer will, kann es selbst bemalen. Oder in Moritzburg ein Federzimmer bestaunen. Oder Karl May in Radebeul besuchen.

Anhang

Besuchen Sie uns im Internet:
www.hb-verlag.de

Inhalt

TOP ZIEL – BESONDERS SEHENSWERT

Prächtige Silhouette

Dresden hat eine große feierliche Lage inmitten der umgrenzenden Elbhöhen, die in einiger Entfernung, als ob sie aus Ehrfurcht nicht näher zu treten wagten, es umlagern‹, schrieb Heinrich Kleist. Canaletto bannte Dresden als ein in die Landschaft komponiertes Architekturgemälde mehrfach auf die Leinwand.

Lebendige Hochkultur

An Dresdens legendärem Ruf als Musikstadt hat die Semperoper großen Anteil. Schon im ersten ihrer zwei Vorgängerbauten rühmte Kapellmeister Richard Wagner die Staatskapelle als ›Wunderharfe‹. Auch heute ist die Semperoper wegen der Schönheit ihres Baus und insbesondere wegen der Qualität ihrer Aufführungen ein Publikumsmagnet.

Barocker Glanz

Der Zwinger – weltberühmtes Meisterwerk der Baukunst des Barock. In ihm verschmelzen Klarheit und Maß des Baukörpers mit der bezaubernden Fülle und dem verspielten Übermut barocker Bildhauerkunst. Auch mit dem Namen seines Bauherrn, mit August dem Starken, ist der Zwinger untrennbar verbunden.

Modern und klassisch

Im Dresden-Hellerauer Festspielhaus eröffnete 1912 eine Tanzschule, die Mary Wigman als ›Wiege des modernen Ausdruckstanzes‹ berühmt machte. Heute wird die nach deren erfolgreicher Schülerin Palucca-Hochschule für Tanz benannte Ausbildungsstätte für Klassischen und Modernen Tanz, die einzige eigenständige Tanzhochschule Deutschlands, in der Welt hoch geschätzt.

Steingewordene Musik

Leichte elegante Heiterkeit kennzeichnen nicht nur den Speisesaal des Wasserpalais, sondern die gesamte Anlage von Schloss und Park Pillnitz. August der Starke ließ seine Sommerresidenz zum ›indianischen Palais gegen die Elbe und die Berge‹ ausbauen und kam von Dresden in der kurfürstlichen Gondel angeschippert.

Bizarre Felslandschaft

Den vollständigen Genuss beim Besuch ... hat der Fußgänger‹ schrieb Ferdinand Thal 1846, denn ›wer zu Wagen reist ..., für den bleibt vieles ungesehen‹. Das gilt noch heute für die Bastei, einen die Elbe überragenden Felsrücken, der zu den schönsten natürlichen Aussichtspunkten Europas zählt.

Hengstparade und Parade-Hengste

Liebhaber edler Halbblüter kommen bei den Moritzburger Hengstparaden im September auf ihre Kosten. Aus nächster Nähe erlebt man dabei die vom Sächsischen Landesgestüt hauptsächlich für den Reitsport gezüchteten Pferde.

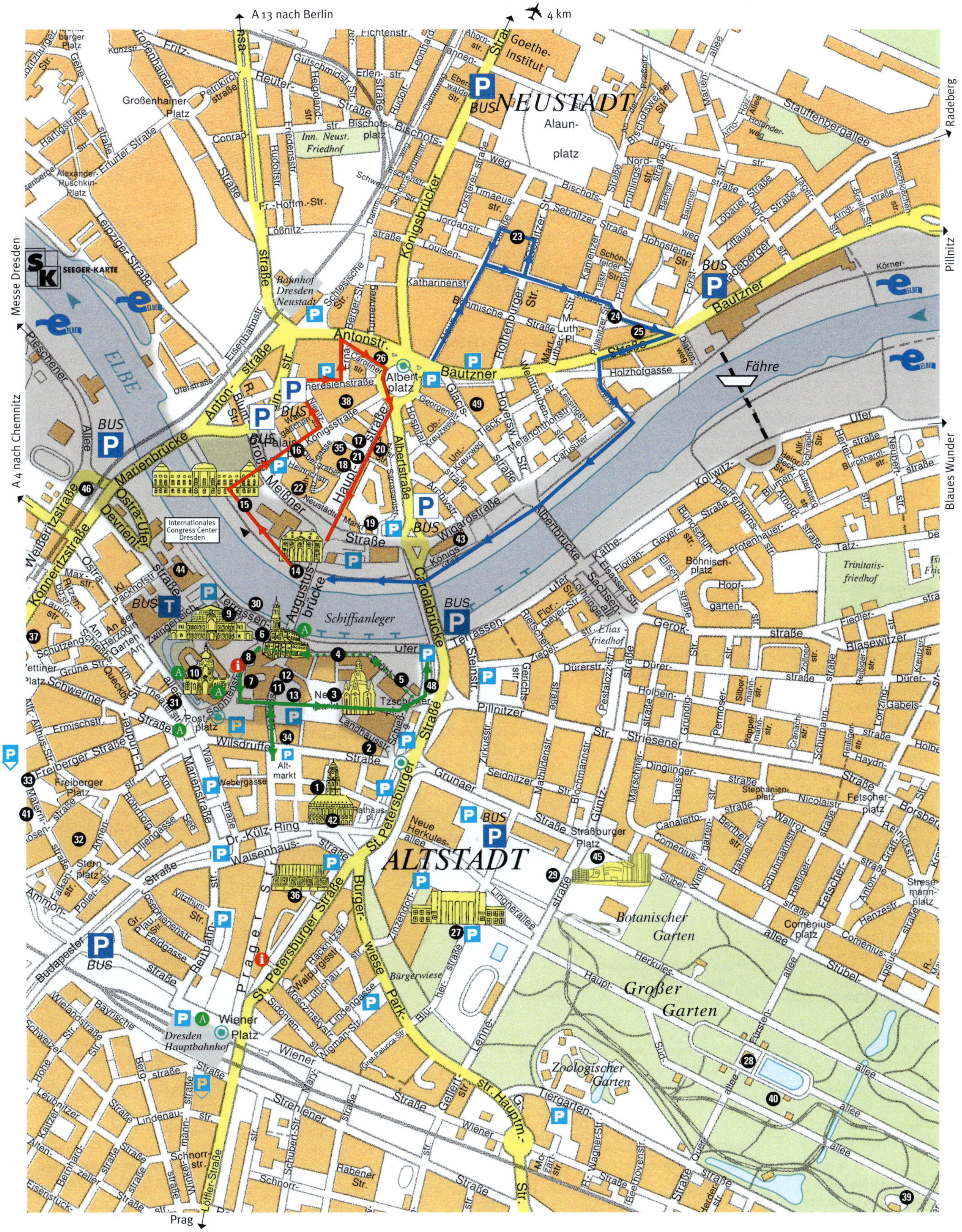

Sehenswürdigkeiten, Museen

1 Kreuzkirche
2 Landhaus
- *Stadtmuseum*
- *Städtische Galerie Dresden*

3 Frauenkirche
4 Brühlsche Terrasse
- *Festung Dresden*

5 Albertinum
6 Kathedrale
7 Schloss
- *Grünes Gewölbe*
- *Kupferstich-Kabinett*

8 Schinkelwache
9 Semperoper
10 Zwinger
- *Gemäldegalerie Alte Meister*
- *Rüstkammer*
- *Porzellansammlung*
- *Museum für Mineralogie und Geologie*
- *Mathematisch-Physikalischer Salon*
- *Skulptur im Zwinger*

11 Stallhof
12 Fürstenzug
13 Johanneum
- *Verkehrsmuseum*

14 Blockhaus
15 Japanisches Palais
- *Museen für Völkerkunde, Vorgeschichte, Tierkunde*

16 Königstraße
17 Dreikönigskirche
18 Kügelgenhaus
- *Museum der Dresdner Romantik*

19 Jägerhof
- *Volkskunstmuseum*

20 Markthalle
21 Kunsthandwerkerpassagen
22 Kunsthaus Dresden
23 Kunsthofpassage
24 Jüdischer Friedhof
25 Pfunds Molkerei
26 Erich-Kästner-Museum
27 Deutsches Hygiene-Museum
28 Palais im Großen Garten
29 Sea Life Aquarium
45 Gläserne VW Manufaktur
46 Yenidze
48 Neue Synagoge

Theater, Kulturstätten

9 Semperoper
30 Theaterkahn
31 Schauspielhaus
32 Kabarett „Herkuleskeule"
33 Komödie Dresden
34 Kulturpalast
35 Societätstheater
36 Puppentheater
37 Kabarett „Breschke & Schuch"
38 Jazzclub NeueTonne
39 Freilichtbühne
40 Parktheater
41 Theater „Wechselbad"
49 Kleines Haus

Behörden

42 Stadtverwaltung/Rathaus
43 Sächsische Staatsregierung
44 Sächsischer Landtag

Tourist-Informationen
Start für Rundfahrten/-gänge

Servicezentren der Dresdner Verkehrsbetriebe AG
Parkplätze/ Busparkplätze
Kurzzeitparken für Busse (2-5 Plätze)
Terminal für Reisebusse
Welterbe Dresdner Elbtal
Elberadweg an beiden Ufern

Erlebnisrouten für Fußgänger und Radfahrer:

Barockviertel Innere Neustadt
Szeneviertel Äußere Neustadt
Historische Altstadt (• • • • • nur für Fußgänger)

Museen

Alle Museen der Staatlichen Kunstsammlungen Dresden (SKD):
Tel. 49 14 2000
Fax: 49 14 616

Bildende und Angewandte Kunst

Gemäldegalerie Alte Meister (SKD)
Zwinger, Semperbau
Di-So 10-18 Uhr ,
Erw. 6 €, Erm. 3,50 €
inkl. Rüstkammer

Galerie Neue Meister (SKD)
Albertinum, Brühlsche Terrasse
wegen Umbau geschlossen
Ausstellungen im Zwinger und in der Gläsernen VW Manufaktur

Grünes Gewölbe (SKD)
Residenzschloss
Mi-Mo 10-18 Uhr
Erw. 6 €, Erm. 3,50 €
inkl. Kupferstich-Kabinett

Historisches Grünes Gewölbe (SKD)
ab 15.09.2006 im Residenzschloss
Mi-Mo 10-19 Uhr
Einlass nur mit Zeitticket
Vorverkauf über:
Dresden-Werbung und Tourismus GmbH
www.dresden.de/schatzkammer
www.skd-dresden.de
museum@dresden-tourist.de
Tel: 49 19 22 85
Eintrittspreis: 11,50 € pro Person (inkl. Vorverkaufsgebühr und Führung per Kopfhörer)

Porzellansammlung (SKD)
(teilweise)
Zwinger, Glockenspielpavillon
Di-So 10-18 Uhr ,
Erw. 5 €, Erm. 3 €

Skulptur im Zwinger (SKD)
Zwinger
Di-So 10-18 Uhr ,
Erw. 2,50 €, Erm. 1,50 €

Kupferstich-Kabinett (SKD)
Residenzschloss
Mi-Mo 10 – 18 Uhr
Erw. 3 €, Erm. 2 €

Permoser im Palais
Palais im Großen Garten
Tel. 445 66 00
April-Okt. Mi-Sa 14-18 Uhr,
So 11-18 Uhr
Nov-März Sa, So 11-18 Uhr
Erw. 3 €, Erm. 2 €

Städtische Galerie Dresden – Kunstsammlung
Wilsdruffer Straße 2, Eingang Landhausstraße
Tel. 65 64 86 13
Di-So 10-18 Uhr, Fr 12 – 20 Uhr*
Erw. 3 €, Erm. 2 €

Kügelgenhaus – Museum der Dresdner Romantik
Hauptstraße 13
Tel./Fax 804 47 60
Mi-So 10-18 Uhr*
Erw. 2 €, Erm. 1 €

Kunsthaus Dresden
Städtische Galerie für Gegenwartskunst
Rähnitzgasse 8
Tel. 804 14 56
Fax 804 15 82
Di-Fr 14-19 Uhr,
Sa/So 12-20 Uhr
Erw. 3 €, Erm. 2 €

Kunsthandwerk

Museum für Sächsische Volkskunst (SKD)
mit Puppentheatersammlung
Jägerhof, Köpckestraße 1
Di-So 10-18 Uhr
Erw. 3 €, Erm. 2 €

Kunstgewerbemuseum (SKD)
Schloss Pillnitz
Mai bis Oktober 10-18 Uhr
Bergpalais Mo, Wasserpalais Di geschlossen
Erw. 3 €, Erm. 2 €

Math.-Physikalischer Salon (SKD) (teilweise)
Zwinger
Di-So 10-18 Uhr
Erw. 3 €, Erm. 2 €

Geschichte

Festung Dresden
Brühlsche Terrasse
Tel. 491 46 01
Fax 491 46 25
Apr.-Okt.: Mo-So 10-17 Uhr
Nov.-März: Mo-So 10-16 Uhr
Erw. 3,10 €, Erm.2 €

Militärhistorisches Museum der Bundeswehr
Olbrichtplatz 2
Tel. 823 28 03
Fax 823 28 05
Wiedereröffnung 2009
Sonderausstellung
Di-So 9-17 Uhr
Eintritt frei

Stadtmuseum – Landhaus
Wilsdruffer Straße 2
Tel. 65 64 86 13
Fax 495 12 88
Ab 9/2006 neue Dauerausstellung
Sonderausstellung
Di-So 10-18 Uhr, Fr 12 – 20 Uhr*
Erw. 3 €, Erm. 2 €

Puppenmuseum Gottschild GmbH
Königsbrücker Straße 53
Tel. 56 35 57 21
Di – Fr 10 – 12/14 – 18 Uhr,
Sa,So 11 – 16 Uhr
Erw. 3 €, Erm. 1,50 €

Rüstkammer (SKD)
Zwinger
Di-So 10-18 Uhr ,
Erw. 3 €, Erm. 2 €

Archäologie, Ethnologie

Landesmuseum für Vorgeschichte Dresden
Japanisches Palais, Palaisplatz
Tel. 89 26 603
Fax: 89 26 604
Mo-So 10-18 Uhr
Erw. 3 €, Erm. 2 €

Museum für Völkerkunde Dresden
Japanisches Palais, Palaisplatz
Tel. 81 44 841
Fax: 81 44 888
Di-So: 10-18 Uhr
Erw. 4 €, Erm. 2 €

Wissenschaft Technik

Deutsches Hygiene-Museum
Lingnerplatz 1
Tel.: 48 46 670
Fax: 48 46-400
Di-So 10-18 Uhr
Erw. 6 €, Erm. 3 €

Museum für Tierkunde Dresden
Japanisches Palais, Palaisplatz
Tel. 892 63 26
Fax 892 63 27
Di-So 10 – 18 Uhr

Museum für Mineralogie und Geologie Dresden
Zwinger, Eingang Kronentor
Tel. 892 64 03
Fax 892 63 27
Di – So 10 – 18 Uhr
Erw. 3 €, Erm. 1,50 €

Verkehrsmuseum
Johanneum, Augustusstr. 1
Tel. 86 44 0
Fax 86 44 110
Di-So 10-17 Uhr
Erw. 3 €, Erm. 1,50 €

Technische Sammlungen der Stadt Dresden
Junghansstraße 1-3,
Tel. 488 72 01
Fax: 488 72 03
Di-Fr 9-17 Uhr*,
Sa,So 10-18 Uhr
Erw. 3 €, Erm. 2 €

Universitätssammlungen Kunst + Technik
Görges-Bau, Helmholtzstraße 9
Tel. 46 33 95 96
Fax 46 33 94 79
Mo – Fr 10 – 18 Uhr,
Sa 10-14 Uhr
Erw. 4 €, Erm. 2 €

Musik und Literatur

Carl-Maria-von-Weber-Museum
Dresdner Straße 44,
Tel./ Fax 261 82 34
Mi-So 13-18 Uhr*
Erw. 2 €, Erm. 1 €

Kraszewski-Museum
Nordstraße 28
Tel./Fax 804 44 50
Mi-So 10-18 Uhr
Erw. 2 €, Erm. 1 €

Schillerhäuschen
Schillerstr. 19
Tel. 65 64 86 11
Sa, So 10-17 Uhr
Eintritt frei

Erich-Kästner-Museum
Villa Augustin, Antonstr. 1
Tel. 804 50 86
Fax 804 50 87
So-Di 10-18 Uhr, Mi 10-20 Uhr
Erw. 3 €, Erm. 2 €

Buchmuseum der SLUB
Zellescher Weg 18
Tel. 46 77 580
Fax 46 77 701
Schatzkammer
Mo-Sa 10-17 Uhr,
Eintritt frei

Führungen/ Besichtigungen

Frauenkirche
Neumarkt
Tel. 656 06 0, 656 06 10
Freie Besichtigung in Abhängigkeit von Konzertproben
Mo-Fr 10-12/13-18 Uhr
Eintritt auf Spendenbasis

Semperoper Führungen
Theaterplatz 2
Tel. 49 11 496
Fax 49 11 458
Führungszeiten auf Anfrage
Erw. 6 €, Erm. 3 €

Kathedrale (Hofkirche)
Schlossplatz
Tel. 48 44 712
Mo, Di 9-18 Uhr, Mi, Do 9 – 17 Uhr, Fr 13-17 Uhr, Sa 10-17 Uhr,
So 12-16 Uhr

Zoo Dresden
Tiergartenstr. 1
Tel. 47 80 60
Fax 47 80 660
Sommer: 8.30-18.30 Uhr
Winter: 8.30 - 16.30 Uhr
Erw. 7 €, Erm. 5 €

Sea Life Dresden
Blüherstr. 3
Tel. 21040
Fax 210427
Mo-So ab 10 Uhr
Erw. 11 €, Erm. 9,50 €

Botanischer Garten
Stübelallee 2
Tel.: 459 31 85
Fax: 440 37 98
April-Sept. 8-18 Uhr
(Gewächshäuser ab 10 Uhr)
Nov., Febr. 10-16 Uhr
Okt., März 10-17 Uhr
Jan., Dez. 10-15.30 Uhr
Eintritt frei

Führung in der Radeberger Exportbierbrauerei
Dresdner Str. 2, 01454 Radeberg
Tel.: 03528/45 48 80,
Fax: 03528/45 48 88
Mo-Fr 10-17.30,
Sa, So 10-15 Uhr
Erw.: 6 €

Aussichtstürme

Frauenkirche
Kuppelaufstieg
April-Sept. 10-13/14-18 Uhr
Okt-März bis 16 Uhr
Erw. 8 €, Erm. 5 €

Schlossturm
Residenzschloss
Mi-Mo 10-18 Uhr (im Winter geschlossen)
Erw. 2,50 €, Erm. 1,50 €

Turm der Kreuzkirche
Am Altmarkt
April Mo – Sa 10-17 Uhr,
So 11- 17 Uhr
Mai – Okt. Mo – Sa 10-18 Uhr,
Mi bis 17 Uhr, So 11-18 Uhr
Nov. – März Mo – Sa 10 – 16 Uhr,
So 11 – 16 Uhr,
zum Striezelmarkt bis Marktschluss
Erw. 1,50 €, Erm. 1 €

Rathausturm
Eingang Kreuzstraße
April – Oktober 10-18 Uhr
Erw. 2,50 €, Erm. 1,25 €

Turm der Dreikönigskirche
Hauptstraße, Eingang D
März – Okt. Di 11.30-16 Uhr,
Mi-Sa 11-17 Uhr,
So 11.30 – 17 Uhr
Nov - Feb. Mi 12 –16 Uhr,
Do, Fr 10 – 16 Uhr,
So 11.30-16.30 Uhr
Erw. 1,50 €, Erm. 1 €,

Ernemannturm – Technische Sammlungen Dresden
Junghansstraße 1-3
Di-Fr 9-17 Uhr, Sa/So 10-18 Uhr
Erw. 3 €, Erm. 2 € (inkl. Museum)

Vorwahl für Dresden: 0351
* freitags ab 14 Uhr freier Eintritt

für Rollstuhlfahrer zugänglich
für Rollstuhlfahrer eingeschränkt zugänglich
für Rollstuhlfahrer nicht zugänglich

Herausgeber:
Dresden-Werbung und Tourismus GmbH
www.dresden-tourist.de
info@dresden-tourist.de

05/06
Änderungen vorbehalten!

Aktueller Veranstaltungskalender:
Current calendar of events:

www.dresden.de/veranstaltungen

Dresden-Werbung und Tourismus GmbH
Tel. +49 (3 51) 4 91 92 - 1 00
Fax +49 (3 51) 4 91 92 - 1 16
Tourist-Informationen:
→ Schinkelwache/Theaterplatz
→ Prager Straße/Nähe Hbf

Elbhangfest
Volksfest mit Kunsthandwerk, sächsischen Spezialitäten, Antiquitäten und Wein sowie Drachenbootfestival.
Elbhangfest Riverside Festival
Local festival with craft arts, Saxon specialities, antiques and wine including Dragon boat regatta.
→ Sächsische Weinstraße von Dresden-Loschwitz bis Pillnitz
Saxon Wine Road from Loschwitz to Pillnitz
www.elbhangfest.de
22.6. – 24.6.2007

Parkschoppenfest
Feiern im traumhaft barocken Garten des Sächsischen Staatsweinguts Schloss Wackerbarth.
Park Wine Festival
in the enchanting Baroque garden of Wackerbarth Manor, the Saxon State Wine Estate.
→ Schloss Wackerbarth
www.schloss-wackerbarth.de
23.6. – 24.6.2007

Filmnächte am Elbufer
Deutschlands schönstes Open-Air-Kino, Konzerte am Wochenende
Elbe Bank Film Nights
Films and concerts in the most beautiful open-air cinema in Germany
→ Königsufer
www.filmnaechte-am-elbufer.de
28.6. – 26.8.2007

MUSEUMS-SOMMERNACHT DRESDEN
Dresden Museum Summer Night
→ Museen, Schlösser/museums, palaces
www.dresden.de
14.7.2007

Sachsen-Tour International
Rad-Elite-Veranstaltung/bike elite tour
www.sachsen-tour-international.de
25.7. – 29.7.2007

Moritzburg Festival
Kammermusik-Festival/Chamber music festival
→ Schloss und Kirche Moritzburg
Moritzburg palace and church
www.moritzburgfestival.de
4.8. – 19.8.2007

Dresdner Stadtfest Fest der Superlative zwischen High-Tech und Barock.
Dresden City Festival A festival of superlatives between classical and modern.
→ Dresdner Innenstadt/city centre
www.dresden.de/stadtfest2007
17.8. – 19.8.2007

Tag des offenen Weingutes
Wine Estate Open Day
→ Weingüter entlang der Sächsischen Weinstraße, Schloss Wackerbarth
Vineyards along the Saxon Wine Road, Wackerbarth Manor
www.schloss-wackerbarth.de
www.weinbauverband-sachsen.de
25.8. – 26.8.2007

Federweißer-Fest
New Wine Festival
→ Schloss Wackerbarth
www.schloss-wackerbarth.de
15.9.2007

Mitteldeutsche Heinrich-Schütz-Tage Dresden
Central German Heinrich Schütz Festival
→ Verschiedene Konzertstätten
various venues
www.mitteldeutsche-barockmusik.de
www.staendige-konferenz-mbm.de
29.9.2007

Dresdner Tage der zeitgenössischen Musik
Dresden Festival of Contemporary Music
→ Festspielhaus Hellerau u.a.
various venues
www.KunstForumHellerau.de
1.10. – 10.10.2007

Stillleben – Ausstellung
Still lifes – exhibition
→ Gemäldegalerie Alte Meister Dresden
Old Masters Picture Gallery
www.skd-dresden.de
6.10. 2007 – 30.3. 2008

Dresden-Marathon
Stadtmarathon mit Zieleinlauf vor historischer Kulisse.
City Marathon with historic scenery.
www.dresden-marathon.de
21.10.2007

UNITY.DRESDEN.NIGHT
Dresdens größte Party
Unity.Dresden.Night
Dresden's greatest party
→ Stadtzentrum/city centre
www.unity-dresden-night.de
3.11.2007

TANZherbst Choreografien von Frauen
DANCEautumn Choreographies by women
→ Kleine Szene, Festspielhaus Hellerau
www.tanzherbst.de
7.11. – 11.11.2007

„Gerettet" – Die Restaurierung der großen Formate nach der Flut 2002
„Rescued" – Restoration of the large formats after the floods of 2002
→ Gemäldegalerie Alte Meister
www.skd-dresden.de
16.11.2007 – 24.02.2008

Dresdner Striezelmarkt
ältester und einer der größten Weihnachtsmärkte Deutschlands
Dresden Striezelmarkt
The oldest and one of the largest Christmas markets in Germany
→ Ferdinandplatz
www.dresden.de/striezelmarkt
28.11. – 24.12.2007

Hotline (Vorwahl/Code +49 351):

Karten tickets	49 19 22 33	www.dresden.de/veranstaltungen
Informationen informations	49 19 21 00	www.dresden.de/reiseinformationen
Übernachtung accommodation	49 19 22 22	www.dresden.de/uebernachtung
Pauschalprogramm packages	49 19 21 20	www.dresden.de/dresden-days
Dresden CARDs	49 19 22 81	www.dresden.de/dresden-cards
Historisches Grünes Gewölbe treasury	49 19 22 85	www.dresden.de/schatzkammer www.dresden.de/treasury

Alle Angaben ohne Gewähr und Anspruch auf Vollständigkeit/Änderungen vorbehalten. The long term nature of the calendar means that programme modification cannot be excluded. Herausgeber/Publisher: Dresden-Werbung und Tourismus GmbH · Herstellung: Druckerei Wagner, Siebenlehn · Fotos: Archive DWT, Michel Sandstein Verlag, Sylvio Dittrich, Veranstalter · Stand/As per 12/2006

Dresden Highlights

2007

Dresden.
Tourismus

Die Frauenkirche zu Dresden. Werden – Wirkung – Wiederaufbau
The Frauenkirche of Dresden - Becoming – Effect – Reconstruction
➜ Stadtmuseum Dresden
City Museum
www.museen-dresden.de
Ganzjährig All-the-year

Historisches Grünes Gewölbe – wieder im Residenzschloss
Historical Green Vault - back in its original place in the Royal Palace
➜ Residenzschloss Dresden
www.skd-dresden.de
www.dresden.de/schatzkammer
www.dresden.de/treasury
Ganzjährig All-the-year

Tödliche Medizin. Rassenwahn im Nationalsozialismus. **Ausstellung** zum Thema im Nationalsozialismus begangene Medizin-Verbrechen.
Deadly Medicine. Creating a master race Exhibition about the instrumentalisation of medicine on race delusion of the Third Reich.
➜ Das United States Holocaust Memorial Museum, Washington DC zu Gast im Deutschen Hygiene-Museum
German Hygiene Museum - was taken over by the United States Holocaust Memorial Museum Washington D.C.
www.dhmd.de
Bis/until 24.6.2007

SemperOpernball
SemperOpera Ball
➜ Semperoper
www.semperoper.de
19.1.2007

André Rieu
Konzert Concert
➜ MESSE Dresden
www.kaenguruh.de
19.1.2007

Operettenball. Rauschende Ballnacht mit Künstlern der Staatsoperette Dresden.
Operetta Ball. Glittering ball night with artists from the State Operetta Theatre Dresden.
➜ Kempinski Hotel Dresden
www.staatsoperette-dresden.de
2.2.2007

Holiday on Ice
Holiday on Ice
➜ MESSE Dresden
www.holidayonice.de
2.–5.2.2007

Martin Honert. Kunstpreis des Kuratoriums der Kunststoff-Industrie/ Plastics*Europe* Deutschland e.V. Ausstellung der Galerie Neue Meister
Martin Honert. Art Prize of the Curatorium of the Plastics Industry/ Plastics*Europe* Deutschland e.V. Exhibition in the Gallery New Masters
➜ Palais Brühlsche Terrasse
www.skd-dresden.de
11.2. – 23.4.2007

Barbara und Fritz Klemm.
Fotografien/Photos
➜ Kupferstich-Kabinett Dresden, Residenzschloss
www.skd-dresden.de
22.2. – 21.5. 2007

Erich-Kästner-Museumsfestival 2007
Erich-Kästner Museum Festival 2007
➜ Erich Kästner Museum Dresden
www.erich-kaestner-museum.de
23.2. – 1.3. 2007

Richard Strauss Festtage
10 Werke an 10 Tagen
Dresden Richard Strauss Festival
10 works in 10 days
➜ Semperoper
www.semperoper.de
13.3. – 22.3.2007

Die 5. Hermann Hesse Märchentage
5th Hermann Hesse Fairy-Tale Festival
➜ **Lesungen** unter der Glaskuppel der Yenidze/**Readings** under the glass dome of the Yenidze
www.1001maerchen.de
23.3. – 25.3.2007

Otto Dix in der Dresdener Galerie. Die Galerie Neue Meister zu Gast im Semperbau
Otto Dix in the Dresden Gallery. The Modern Masters Gallery guesting in the Semper Building
➜ Gemäldegalerie Alte Meister
www.skd-dresden.de
29.3. – 26.8. 2007

Schlaf und Traum
Austellung in Kooperation mit dem Wellcome Trust, London
Sleep and Dream: Exhibition in cooperation with Wellcome Trust, London
➜ Deutsches Hygiene-Museum Dresden
German Hygiene Museum Dresden
www.dhmd.de
31.3 – 3.10. 2007

Filmfest Dresden Internationales Filmfestival für Animations-/Kurzfilm
Dresden Film Festival International festival of animated and short films
➜ Festivalkino Metropolis
www.filmfest-dresden.de
17.4. – 22.4.2007

Traditionelle Dampferparade der Sächsischen Dampfschiffahrt mit neun historischen Schaufelraddampfern zum Schloss Pillnitz und zurück.
Traditional steamer parade of the Saxon Steamship Company
Nine historical paddle-steamers parade to Pillnitz Palace and back.
➜ Terrassenufer
www.saechsische-dampfschiffahrt.de
01.05.2007

Internationales Dixieland Festival das größte Festival seiner Art in Europa
International Dixieland Festival The largest festival of its kind in Europe
➜ Kulturpalast, Prager Str. etc.
www.dixieland.de
9.5. – 13.5.2007

Deutscher Sekttag
German Day of Champagne
➜ Schloss Wackerbarth
www.schloss-wackerbarth.de
12.5.2007

DRESDNER MUSIKFESTSPIELE
„Landschaften"
Konzerte mit internationalen Stars und Dresdner Ensembles
DRESDEN MUSIC FESTIVAL
„Landscapes"
Concerts with international stars and Dresden ensembles
➜ verschiedene Spielstätten
various venues
www.musikfestspiele.com
17.5. – 3.6.2007

Sommernachtsball
Summer Night Ball
Schloss Wackerbarth
www.schloss-wackerbarth.de
16.6. 2007

Cliché verre – Camille Corot, Charles Daubigny etc.
Ausstellung des Kupferstich-Kabinetts
Exhibition of the Cabinet of Prints and Drawings
Residenzschloss, Kupferstich-Kabinett
www.skd-dresden.de
16.06.2007 – 03.09.2007

Geliebter August

Gut 60 Jahre haben August der Starke und sein Sohn gebraucht, um aus einer unspektakulären Residenzstadt ein Venedig des Nordens und ein Elbflorenz werden zu lassen, dessen Schönheit die Dichter priesen.

Eine Kriegsnacht genügte, das barocke Kunstwerk zu zerstören. Gleich danach begann mit dem schönsten Gebäude, dem Zwinger, der Wiederaufbau.

Dresdner haben gesammelt, geworben und gesungen, damit 60 Jahre später mit der Frauenkirche wieder fast alles so ist, wie es war.

Herrlich illuminiert ist abends der Theaterplatz, die schönste Platzanlage Dresdens.

▲ *Hofkirche und Schloss umrahmen den Theaterplatz, den schönsten Platz Dresdens*

▼ *Lebendiges Mittelalter: Handwerker im Stallhof*

▲ *Gräfin von Cosel und August der Starke geben sich die Ehre*

Wie einst: Ritterspiele im Stallhof ▲ Bis 2006 soll das Schloss wieder in altem Glanz erstrahlen

Das hätte ihm gefallen, dem starken August: Man spricht noch immer von ihm. Mehr als 300 Jahre, nachdem ein Zufall, der frühe Tod des Bruders 1694, ihn zum sächsischen Kurfürsten machte und Ehrgeiz ihm drei Jahre später zu polnischen Königswürden verhalf, ist er den Dresdnern immer noch Gold wert. Ein ganzes Pfund haben sie wieder auftragen lassen, damit der Goldene Reiter am Neustädter Markt nach Beseitigung von Korrosionsschäden wieder zu ihrem Ruhme tadellos blinkt. Der echte August hat das fertige Reiterstandbild übrigens nie gesehen, nur beim Kunstkanonenschmied Ludwig Wiedemann in Auftrag gegeben. Als es 1736 zum ersten Mal enthüllt wurde, war der Kurfürst von Sachsen und König von Polen schon drei Jahre tot.

60 Jahre und eine Nacht

Seit 1206 ist die Stadt Dresden bekannt, und doch schnurrt ihre Geschichte im Bewusstsein vieler auf gut 160 Jahre und eine Nacht zusammen: Unter Friedrich August I. (König August II. von Polen) – oder August dem Starken – und seinem Sohn Friedrich August II. (August III.) wurde Dresden im 18. Jh. zum bewunderten barocken Juwel. In der Nacht vom 13. auf den 14. Februar 1945 zerstörten britische und amerikanische Bomber die historische Stadt mit ihren bedeutendsten Kulturdenkmälern, und mehr als 30 000 Menschen starben im Feuersturm. Was Nazideutschland mit seinen Angriffen auf Guernica, Rotterdam, Coventry, Warschau und andere Städte begonnen hatte, war noch perfekter zurückgekehrt: Das berühmte Elbflorenz war in Trümmern und Asche versunken. Das Gedenken an diese Nacht der Zerstörung gehört bis heute zu den wichtigsten Terminen im Dresdner Veranstaltungskalender.

Ein Lebensgefühl wird rekonstruiert

Seit 1953 wird das Stadtzentrum allmählich und nach der Wiedervereinigung beschleunigt wieder aufgebaut. Dresdner debattierten nicht darüber, ob sie das Schloss, die Semperoper, die Gemäldegalerie wieder haben wollten. Sie wollten. Und sie bauen – Dresden feiert jede Etappe zurück zur Barockstadt. Aber die schöne alte

▲ *Historische Kulturmeile von der Brühlschen Terrasse zur Semperoper*

▲ *Prachtvoll ist der Zuschauerraum*

▼ *Publikumsmagnet dank ihrer Aufführun*

► *Festlich-heiteres F*

▼ *Stille Größe und Extravaganz strahlt der Opernbau aus*

Stadt wächst nicht zur Repräsentation wieder am Elbufer. Hier bestimmt die Sehnsucht nach dem alten Lebensgefühl das Geschehen, das kaum einer besser beschrieben hat als der Dresdner Erich Kästner in seinen Jugenderinnerungen: ›Wenn es zutreffen sollte, dass ich nicht nur weiß, was schlimm und hässlich, sondern auch, was schön ist, so verdanke ich diese Gabe dem Glück, in Dresden aufgewachsen zu sein. Ich musste, was schön sei, nicht erst aus Büchern lernen. Nicht in der Schule und nicht auf der Universität. Ich durfte die Schönheit einatmen wie Försterkinder die Waldluft.‹ Darum lassen die Dresdner keine Kritik an ihren Entscheidungen zu, und niemand darf aufrechnen, wie viele Kindergärten man zum Beispiel wie lange mit einem Klumpen Gold finanzieren könnte. Oder wie der Lyriker Thomas Rosenlöcher sagt: ›Einzig die Liebe zu Dresden darf auf Dresden schimpfen.‹

Meisterbauwerke

Es ist keineswegs alles im Barock entstanden, was aus den Ruinen der zerstörten Stadt gewachsen ist und weiter wächst wie vor Hunderten von Jahren. Das Schloss ließ Kurfürst Moritz im 16. Jahrhundert zu einer stattlichen Renaissance-Residenz ausbauen. Zweimal schuf Gottfried Semper ein Opernhaus. Im ersten (1838–1841) war Richard Wagner als Kapellmeister verpflichtet, der die Staatskapelle als ›Wunderharfe‹ rühmte. Von seinen Werken erfahren ›Rienzi‹, ›Der fliegende Holländer‹ und ›Tannhäuser‹ ihre Uraufführungen auf dieser Bühne. 1869 brannte das Opernhaus nieder und ein zweiter veränderter Bau entstand von 1871 bis 1878, von 1901 an erlebt das Publikum insgesamt neun Uraufführungen der Opern von Richard Strauss, der die Semperoper als ›Dorado für Uraufführungen‹ ansah, sowie deutsche Erstaufführungen wie Puccinis ›Tosca‹. Zum dritten Mal wurde die Semperoper am 13. Februar 1985, vierzig Jahre nach der Zerstörung, eröffnet – Zuschauerraum, Foyers und Treppenhäuser bekamen ihre prachtvolle Gestaltung wie im Original, da die von Semper entworfenen Prospekte zur Ausmalung glücklicherweise erhalten geblieben waren.

▲ Die als ›Steinerne Kuppel‹ berühmt gewordene Kuppel der Frauenkirche

▲ Vierstöckige Emporen umgeben den runden Innenraum

▲ Acht Glocken zählt das Gelä

▼ Schlagkräftige Wiederaufbauarbeit

▼ Nach der Weihe kann man von der Laterne die grandiose Aussicht genießen

Freudentränen an der Frauenkirche

Über den Wiederaufbau der Frauenkirche hat Dresden wohl debattiert. Sollte man die Ruine als Mahnmal am Neumarkt stehen lassen? Es war eine lange diskutierte Entscheidung 1992, eine für das Leben, für Versöhnung und zudem 125 Millionen Euro schwer. Ein ›Dresden Trust‹, in London gegründet, half wie Tausende aus aller Welt. Ein Handwerker aus London, Sohn eines britischen Bomberpiloten, hatte bald ein neues Turmkreuz geschmiedet. Und als im Herbst 2003 die Gerüste abgebaut wurden, die Steinkuppel sichtbar wurde und einem Sänger die Tränen kamen, wie der Solotrompeter und Initiator der Stiftung für den Wiederaufbau Ludwig Güttler erzählt, da gaben sich alle optimistisch, dass auch die noch fehlenden neun oder zehn Millionen für diese Bürgerkirche irgend woher kommen würden. Nach zehn Jahren waren eine Million Steine aus dem Altsteinlager in Pirna verbaut, das Lapidarium mit den penibel vermessenen und sorgsam registrierten Quadern, die haargenau dort eingefügt worden waren, wo sie auch in der zerstörten Kirche steckten, hatte sich geleert. Anders als das Original, das nach Plänen von George Bähr 1726 bis 1743 entstanden war, hat das wieder aufgebaute Gotteshaus eine Aussichtsplattform. Eintrittsgelder sollen einen Teil der Betriebskosten decken.

Schwarzer Stein

Besucher staunen, wenn sie auf der Brühlschen Terrasse, der Flaniermeile seit 1814, stehen oder über die Elbe hinweg das bekannte Panorama bewundern: Vieles scheint alt und schwarz, so dass man kaum glauben mag, dass praktisch alles neu entstanden ist auf 15 Quadratkilometern Trümmer. Mancher vermutet, der Ruß der letzten Kriegstage sei noch nicht beseitigt, aber das ist falsch. Ob Taschenbergpalais, Zwinger, Schloss, Hofkirche, Kunstakademie oder Coselpalais –

▲ ›Staffelei am Fenster‹ für C. D. Friedrich ▼ Vestibül im Taschenbergpalais

▲ Als Kunsttempel für die Brühlsche Terrasse wurde die Kunstakademie 1894 gefeie

▲ Das rekonstruierte Hotel Taschenbergpalais ▼ Preisgekrönter Bau der Synag

▼ *Idealer Platz für eine Pause mit Aussicht auf Neustadt und Elbe*

seit dem 14. Februar 1945 standen hier nur Ruinen. 1997 begann der Altmarkt, sein altes Gesicht zurück zu gewinnen. Aber der Sandstein, aus dem die Stadt seit Augusts Zeiten gebaut ist, der Staub und Schmutz geradezu einatmet, schafft die schnelle Patina, macht Alt aus Neu und gibt den Dresdnern so ihre verlorene Stadt zurück.

Fundamente gegen Fundamentalismus

Nur der Neumarkt um die Frauenkirche, der auf Fotos der 1950er-Jahre grasende Schafe vor der Ruine zeigt, wächst – nach endlosen Diskussionen – fast wie neu aus städtischer Einöde. Architekturwettbewerbe waren ausgeschrieben, Tiefgaragen beschlossen. Da setzten drei Dresdner ein Bürgerbegehren für ein Stadtbild wie um 1800 in Gang, denn in wenigen Jahren sollte wieder genau hier ›das Herz des Barock‹ schlagen. Die Entscheidung fiel für eine sensible Mischung, Nachbildung historischer Fassaden neben angepassten Neubauten.

Flanierpromenade

Ganz in der Nähe erstrecken sich über dem Elbufer auf den Resten der Festungsanlagen Brühlsche Terrasse und Garten – die Dresdner Flaniermeile schlechthin. Friedrich August II. (August III.) schenkte sie seinem Vertrauten Graf Brühl, der mehrere Gebäude errichten ließ, von denen jedoch keines mehr erhalten ist. Die Kunstakademie wurde 1894 eröffnet, das Albertinum, heute Sitz der Gemäldegalerie Neue Meister, 1887. Östlich der Brühlschen Terrasse fällt die mit mehreren Architekturpreisen gekrönte Neue Synagoge ins Auge. Der nach Plänen des Saarbrücker Architektenbüros Wandel, Hoefer, Lorch und Hirsch errichtete Gebäudekomplex wurde am 9. November 2001 geweiht. Das zur Verfügung stehende Grundstück verhinderte die übliche Ausrichtung nach Osten. Architektonisch verblüffend einfach löste man das Problem: Die Synagoge ist in sich verdreht, indem jede Steinlage ein wenig aus der Achse gerückt wurde. Über dem Synagogentor leuchtet der gerettete Davidstern der 1938 von den Nationalsozialisten an dieser Stelle zerstörten Synagoge von Gottfried Semper.

▲ *Verspielte Wasserkünste im Nymphenbad*

▲ *Majestätische Langgalerie mit dem Kronentor*

▼ *Kunstschätze der Alten Meister*

▲ *Bei den Zwingerserenaden wird unter freiem Himmel musiziert*

▶ Barocke Bildhauerkunst

▼ Der Wallpavillon, der wohl vollkommenste Teil des Zwingers, löst sich in eine lebendige Plastik auf

Wassermusik

Problemlos können so große Wiederaufbauprojekte nicht laufen. Da sind Dresdner froh, dass der Zwinger, weltbekanntes Meisterwerk des Barock, trotz Zerstörung sofort und bis 1963 wieder entstanden ist. Weiß mit blau gestrichenen Dächern leuchtete ursprünglich das Original, zwischen 1709 und 1732 entstanden, vom genialen Baumeister Matthäus Daniel Pöppelmann entworfen und mit Bildhauerarbeiten Balthasar Neumanns geschmückt. Und selbst als die Elbe im August 2002 im Hof mit den Stühlen für ein Freilichtkonzert spielte, blieb nach überstandener Gefahr für die unwiederbringlichen Kunstwerke in den Gebäuden der Eindruck einer übermütigen Wassermusik.

SPECIAL

Ein Mann wie ein Bär

Als Friedrich August 1670 geboren wurde, sah nichts danach aus, dass er einmal Sachsens König werden würde. Er hatte einen älteren Bruder, aber der starb 1694 und so wurde der Zweitgeborene Kurfürst. Das reichte ihm nicht. Er wurde 1697 katholisch, somit waren die Voraussetzungen geschaffen, dass er König August II. von Polen werden konnte. Zu seinen Lebzeiten hieß er nie ›der Starke‹, auch wenn er mit Bären gerungen und mit bloßen Händen ein Hufeisen zerbrochen haben soll. Seine heute noch sichtbaren Verdienste um Kunst und Kultur sind größer als seine politischen. Als Monarch und als Mensch war er wohl maßlos, die Zahl seiner illegitimen Nachkommen soll unüberschaubar sein. Er starb 1733 in Warschau. Begraben wurde er in Krakau, sein Herz liegt in einer Kapsel in der Gruft der Dresdner Hofkirche.

Der Zwinger war nie als Residenz gedacht, er diente allein den repräsentativen Ansprüchen Augusts des Starken. Seinen Forderungen und der Genialität derer, die ihn schufen, entspringt die Formenpracht: die majestätische Langgalerie an der Südseite, die vier symmetrisch angeordneten Pavillons mit dem Wallpavillon, in seiner musikalischen Leichtigkeit das Kleinod des Zwingers, und das Nymphenbad mit den verspielten Wasserkünsten und den Frauengestalten aus der Werkstatt Permosers.

▲ ›Fama‹, die Göttin des Ruhms, krönt die Glaskuppel der Kunstakademie

▲ Der Turm der Hofkirche prägt die Stadtsilhouette ▼ Semesterausstellung in der Kunstakademie ▲ Letzte und größte Silbermannorgel

▲ Von Permoser geschaffene Rokokokanzel ▼ Detail der meisterhaften Kanzel

Katholisches Refugium

Einen weiteren architektonischen Akzent am Theaterplatz setzt die ehemalige katholische Hofkirche, heute Kathedrale Sanctissimae Trinitatis des Bistums Dresden/Meißen. Mit 4800 Quadratmetern Fläche ist sie die größte Kirche Sachsens und letzte große Leistung des Barock in Europa. Obwohl August der Starke schon 1697 zum Katholizismus übergetreten war, ließ erst sein Sohn August III. vom römischen Architekten Gaetano Chiaveri inmitten des protestantischen Sachsen 1738 eine repräsentative neue Hofkirche erbauen. Für die Balustraden schuf Lorenzo Matielli 59 überlebensgroße Heiligenstatuen, die ›in immer gesteigerter Exstase mit wehenden Gewändern den Himmel zu stürmen scheinen‹. Zwischen Haupt- und Seitenschiffen ist ein doppelgeschossiger Prozessionsumgang eingefügt, da im protestantischen Sachsen katholische Prozessionen außerhalb des Gotteshauses verboten waren. Die historische Orgel ist die letzte, größte und als einzige in Dresden unzerstört gebliebene von Johann Gottfried Silbermann. Die Rokokokanzel schuf Balthasar Permoser, und in der Wettiner Gruft wird, wie bereits erwähnt, das Herz Augusts des Starken aufbewahrt.

Geschichtsbuch an der Wand

Eine ganze Familiengeschichte erzählt der Fürstenzug. 1589 hatte es hier ein Sgraffitogemälde mit einem Reiterzug gegeben, das Zeit und Klima längst getilgt haben. Als im 19. Jh. über die neue Gestaltung beratschlagt wurde, lieferte Professor Walther aus dem Erzgebirge den Entwurf für den Festzug. 13 Jahre hatte er daran gearbeitet. Er schuf dem Fürstenhaus mit fast achthundertjähriger Geschichte eine Erinnerungsstätte, ein Familienbild und ihr verschlüsseltes Psychogramm. Hoch zu Ross reiten 35 Männer, die die Geschichte des meißnisch-sächsischen Staates von 1123 bis 1903 lenkten, in chronologischer Reihenfolge vorbei.

▲ Der Fürstenzug: Vorfahrengalerie aus Porzellan

▲ Klassische Stadtrundfahrten werden täglich angeboten

▲ Jongleure auf der Augustusbrücke

▼ Vom Neustädter Elbufer genießt man den berühmten ›Canaletto‹-Blick auf die Altstadtsilhouette

▲ Reiche Jugendstilausmalung im Treppenhaus der Rathauskuppel

In Porzellan gebrannt

1874 nannte die Leipziger Illustrierte Zeitung den Fürstenzug eine vom patriotischen Standpunkt aus gesehen glückliche Schöpfung. Der Zug wurde als Bilderbuch gedruckt und für den Geschichtsunterricht verwendet. Keine 30 Jahre dauerte es, bis 1901 schon wieder Schäden durch Feuchtigkeit festgestellt wurden. Da kam das Angebot aus Meißen, es zu verewigen: man habe gerade in einem neuen Verfahren Wandfliesen hergestellt, da könne man es auch mit monumentaler Malerei versuchen. 1905 begann die Arbeit an dem 101,90 m langen und 10,51 m hohen Gemälde. Zehn der tüchtigsten Maler haben mit Hilfskräften an den 25 000 fugenlos geklebten Fliesen gearbeitet, die in 50 großen Porzellanöfen gebrannt wurden. Das Bild hat der Gluthitze des Feuersturms vom 13. Februar 1945 standgehalten. Es gab wohl Schäden durch Bombensplitter. Bewegt wie ein aufgehängtes Tuch wirkt es heute noch und ist doch ganz stabil.

SPECIAL

Familienbildergeschichte

Wenn mittelalterliche Fürsten über Land zogen, waren sie von Musikzügen begleitet, die dem Volk zeigten: Hier kommt hoher Besuch! So beginnt auch der Fürstenzug, bevor Markgraf Konrad, der Ahnherr der Wettiner, mit segnend erhobenen Händen naht. Otto der Reiche und Albrecht der Stolze folgen. Das Pferd Albrechts II. bäumt sich auf. Friedrich der Sanftmütige hält die Söhne bei den Händen – Lug und Trug, bald wird die Leipziger Teilung des Wettiner Besitzes (1485) folgen, mit der Dresden Residenz der albertinischen Linie wird. August der Starke führt ein wildes Pferd. Sein Sohn ist kaum zu sehen, wie in der wahren Geschichte. Nur der letzte König – den Dresdnern schließlich der liebste – Friedrich August III. – reitet nicht mit. Er war noch nicht auf dem Entwurf dabei. Man hätte ihn wohl den Bescheidenen genannt. Seinetwegen hätte es wohl keine Revolution gegeben. Den Fürsten folgt das Volk, sichtlich von unterschiedlichem Stand. Der Maler Ludwig Richter ist an der Künstlermähne auszumachen, und zum Schluss hat der Künstler Wilhelm Walther sich selbst ins Bild gestellt.

▲ *Gläserne Manufaktur des VW-Konzerns: ›Kathedrale des Hightech-Zeitalters‹*

▼ *Freitags beim Nachtskaten*

▶ *Konsum-Tempel Altmarktgale*

▲ *Endkontrolle des Phaeton*

▼ *Prager Straße: Die Jungen mögen die monotone Magistrale*

Konsum-Tempel und Hightech-Kathedrale

Der Altmarkt ist das historische Zentrum der Stadt, er diente nicht nur als Markt, sondern war bis zum Bau des Zwingers Schauplatz prunkvoller Feste und umgeben von eleganten Geschäften und Kaffeehäusern. Der Bombenhagel von 1945 ließ davon nichts mehr übrig, bis 1956 baute man die Ost- und Westseite in typischen Dresdner Barockformen wieder auf. Seit 2003 macht auch das Einkaufen wieder Spaß – in der Altmarktgalerie, einem der schönsten neu gebauten Einkaufszentren Europas mit über 100 Geschäften und Cafés. Den Altmarkt mit dem Hauptbahnhof verbindet die Prager Straße, bis zum Krieg schönste Flaniermeile der Stadt. Der Ausbau der Prager Straße zur Fußgängermagistrale machte sie zu einem der verschwenderischsten Stadträume der DDR. Der durch keine Querstraßen gestoppte Tiefenzug wird lediglich durch quer gestellte Bassins mit Wasserspielen aufgelockert – die Jungen mögen die Geschäftsstraße trotzdem.

Östlich der Altstadt erstreckt sich der Große Garten, wo seit 2001 in der Gläsernen Manufaktur der VW-Phaeton (Kaufpreis ca. 100 000 Euro) montiert wird.

Köder mit Tücken

›Manufaktur der Inspiration‹ – 40 junge Komponisten wurden gebeten, sich mit der Luxuslimousine Phaeton auseinander zu setzen. Damit warf das Internationale Forum für Kultur und Wirtschaft einen besonderen Köder aus, nachdem die Dresdner das neue Volkswagenwerk, das ihnen immerhin einen Teil ihres geliebten Großen Gartens stahl, mit sehr gemischten Gefühlen mehr auf- als angenommen hatten. Die ›Gläserne Manufaktur‹ hatte nach der Jahrhundertflut im August 2002 etwas Terrain gut gemacht, als sie zur Carmen-Aufführung lud, während die Semperoper noch unter Wasser stand – eine noble Geste, auch wenn Carmen dem Generalbass der Klimaanlage akustisch nicht gewachsen sein konnte. Nun sollten Instrumental- wie Vokalkompositionen sich mit dem Besonderen des Raumes in der Gläsernen Manufaktur befassen. Eine neue Musik wird erwartet.

Maßstab 1:15.000
0
200 m
DD-Neustadt
DD-Mitte
DD-Hauptbahnhof
DD-Strehlen
Äussere Neustadt (zu Dr. OA Neust.)
Neustadt
Vorstadt (zu Dr. OA Neust.)
Wilsdruffer Vorstadt
Pirnaische Vorst. (zu Dr. OA Altst.)
Altstadt
Johannst. (zu Dr. OA Altst.)
Seevorst-Ost/
Südvorstadt (zu Dr. OA Plauen)
-West
-Ost
Großer Garten (zu Dr. OA Alt.)
Elbe
Sächsische Dampfschiffahrt
Sächsische Weinstraße
Hafen
Ostra-Sportpark
Eisschnell-laufbahn
Eissport-halle
Heinz-Steyer-Stad.
Kunst-eis-stad.
Magdeburger Str.
Marienbrücke
Augustusbrücke
Carolabrücke
Albertbrücke
Terrassenufer
Köpcke-Str.
Carola-pl.
Albertplatz
Bautzner Str.
Königsbrücker Str.
Antonstr.
Leipziger Str.
Hainstr.
Große Meißner Str.
Wigardstr.
Glacisstr.
Rothenburger Str.
Görlitzer Str.
Hoyerswerdaer Str.
Sachsenplatz
Käthe-Kollwitz-Ufer
Güntzplatz
Gerokstr.
Pillnitzer Str.
Grunaer Str.
Straßburger Pl.
Stübelallee
Herkulesallee
Lennéstr.
Lennéplatz
Parkstr.
Bürgerwiese
Petersburger Str.
Prager Str.
Wiener Platz
Wiener Str.
Strehlener Str.
Budapester Str.
Ammonstr.
Könneritzstr.
Weißeritzstr.
Freiberger Str.
Schweriner Str.
Wilsdruffer Str.
Dr.-Külz-Ring
Waisenhausstr.
Pirnaischer Platz
Rathenauplatz
Altmarkt
Neumarkt
Postplatz
Theaterplatz
Schlossplatz
Zwinger
Semperoper
Ostra-Allee
Devrientstr.
Sächs. Landtag
Ministerien
Staatskanzlei
Königsufer
Neustädter Markt
Hauptstr.
Bellevue-garten
Rosengarten
Carusstr.
Justizministerium
Zoologischer Garten
Tiergartenstr.
Richard-Strauss-Platz
Reichenbachstr.
Fritz-Löffler-Platz
Nürnberger Platz
Nürnberger Str.
Zellescher Weg
Teplitzer Str.
Beutlerpark
Blüherpark
Bürgerwiese
Rudolf-Harbig-Stadion
Deutsch. Hygiene-mus.
Die Gläserne Manufaktur
VW-Werk
Puppentheat. „Sonnenhäusel"
Fr.-List-Platz
Hochschule f. Technik u. Wirtschaft
Dippoldiswalder Pl.
Rundkino
Kristallpalast
Trompeterstr.
Ferdinandplatz
Georgplatz
Schreiber-G.
1 Bernh.-v.-Lindenau-Pl.
An der 1 Dreikönigsk. 2 Wallgäßchen 3 Obergraben
1 Taschenberg 2 Brühlsche Gasse 3 Terrassengasse 4 Münzgasse 5 Friesengas.
6 Salzgasse 7 Kanzleigäßchen 8 Töpferstr. 9 Jüdenhof 10 Kl.-Kirchgasse
12 Weberg. 13 Zahnsgasse
1 Stephanienpl.
170
E55
172
54
70
6
78
94
8
328 326 458
457

Infos

Die Fassaden des Großen Schlosshofes wurden im Stil der Renaissance rekonstruiert

Altstadt

Architekten vom Mittelalter bis heute haben Dresdens Stadtbild geprägt. Vom 13. bis zum 15. Jh. wuchs die ursprüngliche Stadt mit innerer und äußerer Befestigung, mit Wehrgängen, Zinnen, Türmen und Wassergraben. Die Burg mit ihrem Hausmannturm am Elbtor symbolisierte markgräfliche Macht. Im 16. Jh. wurde die Stadt zur kurfürstlichen Residenz der albertinischen Linie der Wettiner ausgebaut. Die Burg wurde Wohnschloss im Renaissancestil und von jedem Regenten noch erweitert, auch die Stadtbefestigung wurde mit Sandsteinmauern und Bastionen erneuert. Höhepunkt glanzvoller Stadtgestaltung wurde die Zeit des Barock, in der Kurfürst Friedrich August I. (August der Starke) seit 1694 auch mit Architektur Macht und Einfluss demonstrierte. Nach der Bombardierung am 13. und 14. Februar 1945 war die Altstadt zerstört. 1946 wurde mit dem Wiederaufbau, der bald abgeschlossen sein wird, begonnen.

Theaterplatz

Schloss, Hofkirche, Zwinger und Semperoper begrenzen den 4 Theaterplatz, den Vorzeigeplatz Dresdens, der harmonisch Architektur aus dreieinhalb Jahrhunderten vereint. Das Reiterstandbild König Johanns (Johannes Schilling, 1883) in der Platzmitte ehrt den Staatsmann und Übersetzer von Dantes ›Göttlicher Komödie‹ unter dem Pseudonym Philaletes. Das Denkmal für Carl Maria von Weber (1860) an der Ostecke des Platzes zwischen Zwingerwall und Sempergalerie stammt vom Dresdner Ernst Rietschel und gilt als seine beste Schöpfung.

TOP ZIEL **Semperoper** 3: Die Fassade der Semperoper beherrscht den Platz. Am 13. Februar 1985 wurde sie, 40 Jahre nach ihrer Zerstörung, mit Carl Maria von Webers ›Freischütz‹ zum dritten Mal eröffnet. Nur die Skulpturen von Goethe und Schiller (Rietschel) blieben erhalten und bewachen den Eingang in der Mitte der Exedra unter der Pantherquadriga mit Ariadne und Dionysos. (s. auch Infoseite 55)

TOP ZIEL **Zwinger** 10: Er ist eines der bekanntesten und schönsten barocken Baudenkmäler (1709 bis 1732) der Welt. Das Werk des planenden und ausführenden Architekten Matthäus Daniel Pöppelmann (1662–1736) und des genialen Bildhauers Balthasar Permoser (1651–1732), ist über vier Durchgänge begehbar. Das Kronentor am Zwingergraben in der eingeschossigen Langgalerie ist der Hauptzugang zu Hof und Festplatz und Eingang des Museums für Mineralogie und Geologie. Auf der zwiebelförmigen Kuppel des Kronentors tragen vier polnische Adler die Königskrone. Langgalerien verbinden Tor und Eckpavillons. Der Eckbau am Zwingergraben beherbergt den Mathematisch-Physikalischen Salon. Den Wallpavillon, den schönsten des Ensembles, schmücken Hermen, und Herkules Saxonicus trägt die Welt auf starken Schultern. Hier führen Stufen zum Nymphenbad, einer intimen Anlage, in deren Nischen Nymphen stehen und Wasser über eine Kaskade schwappt. Die Figuren links von der Kaskade sind Arbeiten Permosers. Gegen den Wallpavillon fällt der Glockenspielpavillon gegenüber ab, sein Glockenspiel aus Meißner Porzellan erhielt er 1924–1936. Zum Zwingergraben hin befindet sich der Eingang zur Porzellansammlung. Den Abschluss zum Theaterplatz bildet die Sempergalerie mit der Rüstkammer und den Alten Meistern; Gottfried Semper schuf sie 1847–1855 im Stil der Neorenaissance.

Taschenbergpalais 12: Das Haus auf dem Taschenberg erwarb August der Starke 1705, um für sich und seine Mätresse, die Gräfin Cosel, ein Liebesnest einzurichten. Die Architekten Christoph Beyer, Johann Friedrich Karcher und Matthäus Daniel Pöppelmann stellten es bis 1708 fertig – fortan zählte es zu den Kostbarkeiten der Dresdner Rokokoarchitektur. Das im Krieg zerstörte Gebäude eröffnete, äußerlich originalgetreu wieder hergestellt, 1995 mit der rekonstruierten barocken Treppenanlage als Hotel mit Restaurant und Café – im Winter kann man im Innenhof Schlittschuh fahren.

Schloss 11: Zum 800-jährigen Bestehen der Stadt 2006 soll das ehemalige Residenzschloss (innen nur teilweise) fertig sein, außen in der Neorenaissanceform, die es nach dem Umbau von 1900 und vor seiner Zerstörung 1945 hatte. 1986 hat die Rekonstruktion begonnen und nur noch der Ostflügel muss beendet werden. Das Georgentor im

TIPP

Opernbesuch

Die innen prachtvoll gestaltete Semperoper kann man täglich mit Führungen besichtigen, Karten dafür gibt es nur zu Führungsbeginn im Opernhaus (Termine unter Tel. 0351/4911496).

SPECIAL

Feind-Bild

Der Zwinger hat seinen Namen aus der Festungsarchitektur. Der unbebaute Raum zwischen äußerer und innerer Befestigungsmauer einer Stadt war zum Einzwingen des Feindes gedacht. Als Festplatz unter freiem Himmel ist dieser Zwinger auf einer Bastion der Stadtbefestigung entstanden. Eine zur Elbe hin offene Anlage, zunächst eine Orangerie, hatte August der Starke in Auftrag gegeben, als passenden Ort für die Hochzeit des Kronprinzen Friedrich August II. mit der österreichischen Erzherzogin Maria Josepha. Erst etwa 100 Jahre später schloss Semper das Ensemble mit dem Neubau für eine Gemäldegalerie.

TIPP

Ritter in der Residenz

Eine Renaissance der gleichnamigen Epoche erlebte Dresden 2003, als das ›Churfürstlich-Sächsische Hofreitturnier‹ in den Stallhof lud. Ringstechen der Ritter, Kutschenrennen der Damen, Gaukler, Hökerer – das ganze Programm eben wie 1591. Damals war man es Leid, für jedes Turnier die halbe Stadt umzubauen und hatte zwei Tonnen Gold investiert, damit das ritterliche Kräftemessen in angemessener Umgebung stattfinden konnte. Jetzt soll es wieder Tradition werden – immer im Mai. Auch das Stallhöfische Adventsspektakel lässt die mittelalterliche Welt der Gaukler und Musiker sowie die historischen Handwerkskünste wieder aufleben.

Georgenbau stammt aus Dresdens erstem Renaissancebau (1530–1535), mit dem Hausmannturm und Teile des Nordflügels (um 1400) und die Vierflügelanlage um den großen Schlosshof (1468–1480) ergänzt wurden. Kleiner Schlosshof und Stallhof wurden im Lauf des 16. Jh.s angefügt. Über den Georgenbau erreicht man den Hausmannturm mit seiner Barockhaube und guter Aussicht, ist er doch die höchste Aussichtsplattform Dresdens. Kupferstichkabinett und Neues Grünes Gewölbe mit den Schätzen der Wettiner sind 2004 wieder in das Schloss gezogen. Ab 2006 wird auch das Historische Grüne Gewölbe wieder an seinem Ursprungsort im Erdgeschoss des Westflügels eröffnen.

Ehemalige Hofkirche (5): Die heutige Kathedrale St. Trinitatis gehört mit dem 85,50 m hohen Turm zu den Stadtbild prägenden Bauten. 78 Heiligenfiguren, 3,5 m hoch, säumen das Gebäude. Prunkstücke der Innenausstattung sind die wertvolle Permoser-Kanzel (1722) und die Silbermann-Orgel (Orgelvorspiele Mi., Sa. 11.30–12.00, geistliche Orgelmusik April bis Dez. jd. dritten Do. im Monat um 19.30 Uhr). Außerdem birgt die Kirche die Grablege der Wettiner (u. a. das Herz Augusts des Starken); die Gruft ist nur im Rahmen einer Führung zugänglich (Mo.–Do., Sa. 14.00, Fr., So. 13.00 Uhr).

Die Flaniermeile der Brühlschen Terrasse bietet schöne Aussicht auf den Fluss und die Neustadt

Augustusbrücke (2): Von Dresdens Sandsteinbrücken ist sie die schönste und gleichzeitig die älteste. Sie ist die Nachfolgerin der ersten Elbbrücke, die wohl schon im 12. Jh. als Holzkonstruktion bestanden hatte und 1275 bereits als Steinbrücke erwähnt wurde. Als die Durchfahrt für die Schifffahrt zu eng wurde, brach man sie 1907 ab. Drei Jahre später war die jetzige Brücke fertig gestellt, die die Gestalt der alten Brücke wieder aufnahm.

Italienisches Dörfchen: Das klassizistische Gebäude an der Elbe (Hans Erlwein, 1912 bis 1913), heute ein Restaurant-Café, hat seinen Namen nach der Ansiedlung der italienischen Handwerker und Künstler während des Hofkirchenbaus bekommen.

Sächsischer Landtag (1): Als Dresden nach der Wende wieder Landeshauptstadt wurde, brauchte das Landesparlament einen Landtag. In nur drei Jahren entstand bis 1994 das von Peter Kulka entworfene erste neue Parlamentsgebäude der ostdeutschen Bundesländer, das internationale Anerkennung fand. Die erfrischend einfache, zur Elbe und zur Stadt hin transparente Architektur des Gebäudes passt sich in die abwechslungsreich gegliederte Achse, die sich von der Brühlschen Terrasse westlich in Richtung Marienbrücke als historische Kulturmeile erstreckt, bruchlos ein. Anziehungspunkt für Nichtparlamentarier ist das Restaurant ›Chiaveri‹ mit Dachterrasse und Blick über die Elbe.

Brühlsche Terrasse

Ausgerechnet Sachsens berühmtester Feind, der Alte Fritz (Friedrich II.) soll den Begriff ›Balkon Europas‹ für die 8–10 m hohe und 930 m lange Brühlsche Terrasse (6) zwischen den Altstädter Brückenköpfen geprägt haben. Sachsens Premierminister Graf Heinrich von Brühl bekam das Gelände über den Kasematten geschenkt, als die Stadtbefestigung des 16. Jh.s im 18. Jh. geschliffen wurde. Er ließ das Gelände mit Gemäldegalerie, Rokokopalais, Bibliothek und Belvedere bebauen und einen Garten anlegen. Geblieben sind nur sein Name und der Elbblick und seit 1814 eine beliebte Flanierpromenade. Alle Gebäude, die zu sehen sind, stammen aus dem 19. und 20. Jh. Vom Schlossplatz führen 41 Stufen einer 30 m breiten Freitreppe mit den bronzenen Figuren ›Vier Tageszeiten‹ (Johannes Schilling, 1869, Sandstein, 1908 ersetzt) auf die Terrasse. Den Entwurf für das Ständehaus (1901–1907) lieferte Paul Wallot, Architekt des Berliner Reichstages. Hier tagte das Parlament des Königreichs Sachsen und später des Freistaates. Brühls Bibliothek wurde 1897 von der neobarocken Sekundogenitur (heute Hotel-Café Vis-à-Vis) ersetzt, die die Grafiksammlung des jeweils zweitgeborenen (lat. secundogenitur) Prinzen des sächsischen Königshauses aufnahm. Ernst Rietschel (1804–1861), Begründer der Dresdner Bildhauerschule des 19. Jh.s, wird mit einem Denkmal (1872) seines Schülers Johannes Schilling dort geehrt, wo er Brühls Gartenpavillon als Atelier nutzte. Brühls Gemäldegalerie ist 1891–1894 (Konstantin Lipsius) von der Kunstakademie mit Glaskuppel (im Volksmund ›Zitronenpresse‹) und goldglänzender Fama, der Göttin des Ruhms, ersetzt worden. Das Semper-Denkmal (Schilling) wurde 1892 aufgestellt. Im **Brühlschen Garten** (8) steht der Delfinbrunnen (18. Jh.) noch aus Brühls Zeiten, die Sphinxgruppen (18. Jh., auf der Basteispitze) bezeichnen den einstigen Eingang zum Belvedere; die Plastik ›Staffelei am Fenster‹ für Caspar David Friedrich, den romantischen Maler, wurde erst 1990 aufgestellt.

Festung Dresden: Neben dem Semper-Denkmal führt eine Treppe zu den Kasematten hinunter, wo J. F. Böttger 1709 das Porzellan erfinden sollte. Eine Sandsteinstele mit seinem Porträt auf Meißner Porzellan (1982) im

TIPP

Cafés in der Altstadt

Alte Meister, Theaterplatz 1a. Tagsüber Café, abends Restaurant.

Café Schinkelwache, Theaterplatz 2. Hier kann man im Sommer den Platz wunderbar auf sich wirken lassen.

Café im Italienischen Dörfchen, Theaterplatz. Traditionscafé mit herrlichen Innenräumen.

Solino, im Hotel Taschenbergpalais. Italienische Café-Bar.

Café Vis-à-Vis, Brühlsche Terrasse. Elbblick.

Radeberger Spezialausschank, Terrassenufer 1 (unterhalb der Brühlschen Terrasse). Nur hier gibt es naturtrübes Zwickelbier außerhalb Radebergs.

Café Kreutzkamm, Altmarkt. 1825 gegründete Traditionsbäckerei.

Rauschenbach Deli, Weiße Gasse 2. Jung und hip.

Brühlschen Garten erinnert daran. Kasematten, Kanonenhöfe, Wachstuben der ehemaligen Festung und das vor 400 Jahren geschlossene Ziegeltor von 1556 sind original erhalten. Die Audioguide-Führung simuliert das Leben in der Festung mit Geräuschen von Pferdegetrappel und knarrender Wendeltreppe (Öffnungszeiten: April–Okt. tgl. 10.00–17.00 Uhr, Nov.–März 10.00–16.00 Uhr).

Albertinum: Auf einem ehemaligen Renaissance-Zeughaus wurde das Albertinum 1884 bis 1887 als Museum und Archiv errichtet; vom Vorgängerbau sind die toskanischen Säulen im Erdgeschoss und zwei Portale erhalten. Das 1945 abgebrannte Gebäude wurde bis 1974 wieder aufgebaut und beherbergt Münzkabinett, Skulpturensammlung und die Gemäldegalerie Neue Meister.

Neue Synagoge 9: Hinter dem Brühlschen Garten am Hasenberg ist dort, wo die von Gottfried Semper entworfene Synagoge (1838) stand, die in der Reichspogromnacht am 9. November 1938 niedergebrannt wurde, 2001 der preisgekrönte erste Synagogenbau in den neuen Bundesländern geweiht worden. Am Eingang ist das einzige Stück aus der Semper-Synagoge zu sehen, der gerettete goldene Davidstern. Die Synagoge ist nur mit Führungen zugänglich: Anmeldung über Hatikva e. V. Di. 10.00–12.00, 13.00 bis 15.00 Uhr unter Tel. 0351/6568825.

Der edel gestaltete Innenraum der Synagoge

Neumarkt

Der Neumarkt gehörte zur slawischen Siedlung neben der markgräflichen Stadt, bis sie im 16. Jh. in den Stadtmauerring einbezogen wurde.

TOP ZIEL **Frauenkirche** 14: Die Kirche aus dem 11. Jh. war das zweite christliche Gotteshaus der Mark Meißen zur Mission der Sorben. Ab 1726 (bis 1743) ließ der Rat der Stadt sie nach Plänen von George Bähr als barocken Zentralbau neu erbauen. Umstritten war seinerzeit die schwere Kuppel aus Stein, von acht zusätzlichen Pfeilern gestützt, die die Kirche zum Dresdener Wahrzeichen machte. Der kleinteilig bebaute Neumarkt und seine Umgebung wurden in der Bombennacht 1945 zerstört. 1994 begann der Wiederaufbau der Kirche mit Spenden aus aller Welt, 1996 wurde die Unterkirche geweiht, die Weihe der Kirche wird man am Reformationstag 2005 begehen. Erst dann sind auch der Innenraum und die Aussicht von der Laterne zu genießen. In der **Unterkirche** finden Gottesdienste (Fr., So. 18.00) und Konzerte (Sa. 20.00 Uhr) statt. Literatur zur Frauenkirche und Konzertkarten gibt es in der Treffpunkt Galerie Frauenkirche, Georg-Treu-Platz 3, Tel. 0351/6560680 am Coselpalais.

Führungen: Die Frauenkirche ist nur mit Führungen zugänglich: Eingang F, jede volle Stunde von 10.00 bis 16.00 Uhr.

Fürstenzug 7: An der Außenseite des Langen Ganges mit toskanischen Rundbogenarkaden (1586–1588), der den Stallhof begrenzt und Ort für Ritterturniere war, ist der 102 m lange Fürstenzug (1872–1907) der Wettiner auf Meißner Porzellan (1905/1906) angebracht.

Johanneum (Verkehrsmuseum) 13: Das alte Stallgebäude (1581–1591) des Schlosses diente nach dem Umbau 1876 zum Johanneum dem historischen Museum und ist heute Verkehrsmuseum mit einer herausragenden Sammlung historischer Eisenbahnfahrzeuge, mit Exponaten aus Luftverkehr und Schifffahrt sowie Oldtimern (Öffnungszeiten: Di.–So. 10.00–17.00 Uhr).

Altmarkt

Das historische Zentrum ist auch das neue Geschäftszentrum der Stadt. Im Krieg völlig zerstört, wurde der Altmarkt 15 1953–1960 größer als zuvor, auf Ost- und Westseite nach barockem Vorbild wieder aufgebaut. An der Südostseite liegt die Kreuzkirche, Heimstatt des Dresdner Kreuzchores; von ihrem Turm hat man einen hervorragenden Blick (April–Sept. tgl. 10.00 bis 18.00, Okt.–März 10.00–16.00, Advent 10.00 bis 20.00 Uhr; Führungen: Fr. 10.00–12.00 Uhr). Der Kulturpalast (1966–1969), Konzertstätte der Dresdner Philharmonie, schließt den Platz nach Norden ab. Mit der Altmarktgalerie ist ein Einkaufszentrum mit ca. 100 Geschäften entstanden. Der Altmarkt ist in der Adventszeit Schauplatz des Dresdner Striezelmarktes.

Prager Straße 17: Zwischen Altmarkt und Hauptbahnhof erstreckt sich die Prager Straße: Bis 1945 war sie die eleganteste Dresdner Geschäftsstraße, im Sozialismus wurde sie als Fußgängermagistrale wieder aufgebaut und heute wird ihr Bild von ausdrucksschwachen Neubauten und den großen Warenhausketten bestimmt.

Rathaus 16: Mit seinem 100 m hohen Turm ist das 1904–1910 erbaute Rathaus eine Landmarke im Stadtbild. Während der Dienstzeiten sollte man sich das im Jugendstil ausgemalte Treppenhaus im Untergeschoss des Turms anschauen.

Gläserne Manufaktur 18: Mit der Straßenbahn ab Altmarkt bis zur Haltestelle Straßburger Platz erreicht man die Gläserne Manufaktur. Seit Sommer 2000 wird in der ›Kathedrale des Hightech-Zeitalters‹ die VW-Luxuslimousine Phaeton in Handarbeit montiert (Öffnungszeiten: zugänglich nur mit Führung tgl. 10.00–17.00 Uhr nach Anmeldung unter Tel. 0180/5896268). Im Gourmetrestaurant ›Lésage‹ in der Gläsernen Manufaktur gibt es jeden Sonntag von 11.00 bis 15.00 Uhr einen Jazzbrunch inklusive Führung, jedoch steht die Produktion sonntags still.

Der Zwinger: Kulisse für Freilichtaufführungen

Sächsische Schatztruhe

Als süchtige Sammler und Kunstbesessene haben Dresdens Fürsten aus aller Welt zusammengetragen, was heute noch schön und wertvoll ist, kostbares Porzellan, berühmte Gemälde und auch Luxus-Nippes in unglaublicher Fülle.
Man wandert von Museum zu Museum und kommt aus dem Staunen nicht heraus.
Fast selbstverständlich, dass das kunstsinnige Flair Dichter und Maler und Komponisten anzog. Aber auch heute noch wird gemalt, gesammelt, komponiert, gesungen, gefeiert und getanzt – und sei es im Wasser.

Dresden verspricht originelle Feste wie hier im Römischen Bad des Schlosses Albrechtsberg.

▲ Topografisch exakt: die Veduten Canalettos

▲ Dresdens malerischer Charakter inspiriert noch immer

▲ Sixtinische Madonna: Publikumsliebling der Alten Mei

▼ Reiterstandbild König Johanns auf dem Theaterplatz

▼ *Augenschmaus: Dinglingers ›Hofstaat zu Delhi am Geburtstag des Großmoguls‹ (1701–1708)*

Kleinlich war der berühmte Maler Bernardo Bellotto trotz seiner penibel ausgeführten Bilder nicht gerade. Nicht nur, dass er sich Canaletto nannte nach seinem Onkel, dem berühmten venezianischen Maler, bei dem der 1722 Geborene aufwuchs und das Zeichnen lernte. Er hat, 1748 von August II. als Hofmaler nach Dresden geholt, in seinen berühmten Veduten, den fotorealistisch scheinenden Abbildern von Plätzen und Bauten, die heute in der Gemäldegalerie Alte Meister hängen, hier und da von künstlerischer Freiheit Gebrauch gemacht. Der Lehrstuhl Stadtbauwesen der TU Dresden hat Bellottos ›Baustellen‹ unter die Lupe genommen und herausgefunden, dass zum Beispiel auf der zweiten Vedute, dem berühmten ›Canaletto-Blick‹, ein Turm die Hofkirche krönt, der frühestens fünf Jahre später, zwischen 1752 und 1755 gebaut wurde. Aber wenn Bellotto nicht gewesen wäre, manches in Dresden – und Warschau – hätte 200 Jahre später nicht so detailgetreu wieder aufgebaut werden können.

Ein süchtiger Sammler

Durch Kunstwerke zur Schau gestellter Reichtum war für die Fürsten des Spätbarock ein wichtiger Teil der Selbstdarstellung. Öffentlich gezeigt hat aber erst August der Starke die unermesslichen Kostbarkeiten, für deren Erwerb nach Bedarf Steuern erhöht und Ausgaben für das Volk gekürzt wurden. Wie ein Süchtiger hatte er materielle Werte der Schatzkunst zusammengetragen, wenn sie nur seinen Erwartungen an künstlerische Virtuosität und handwerkliche Meisterschaft entsprachen. Im Grünen Gewölbe, dem traditionellen Tresor seiner Vorfahren, seit September 2004 wieder im Schloss, häuften sich die Galanteriewaren. Wie ein Riesenspielzeug mutet ›Der Hofstaat von Delhi am Geburtstag des Großmoguls‹ an, Johann Melchior Dinglingers goldener Traum vom Fernen Osten. Auf einer fast ein Quadratmeter großen Bühne thront Aureng Zeb, Kaiser Indiens, schon

▲ Sächsische Landesbibliothek: Paradestück moderner Architektur

▼ In einer der bedeutendsten Porzellansammlungen

▼ Elefant aus dem ›Porzallanz

Prunkwaffen und -harnische in der Rüstkammer ▲ Buchmuseum mit bibliophilen Schätzen

während seiner Regierungszeit (1658 bis 1707) ein Mythos. Verspiegelte Wandflächen imitieren Palastarchitektur, Böden sind mit feinsten Ornamenten geschmückt, ein Bergkristall im Strahlenkranz wirft Licht auf den Herrscher. Vom Edelsteinhändler Jean-Baptiste Tavernier wusste man seit 1679 ›über das Fest des Großmoguls, bei dem er jährlich abgewogen wird‹. Jedes neue Gramm sei Grund zur Freude. Dann setzte der Herrscher sich auf seinen Thron und erwartete die Ehrerbietungen seiner Untertanen, die ihm Diamanten, Rubine, Smaragde, Perlen, Gold und Silber, schöne Teppiche, Pferde, Elefanten und Kamele als Geschenke brachten. Von 1701 bis 1708 hatte Dinglinger mit seinen Brüdern an dem Kunstwerk mit 132 Figuren gearbeitet. August der Starke hat dafür so viel bezahlt wie für das Rittergut Pillnitz, das er zur selben Zeit der Geliebten Cosel schenkte, 60 000 Reichstaler.

SPECIAL

Schatz vom Flohmarkt

Zur Einweihung des neuen Buchmuseums brachte auch der japanische Gesandte ein passendes Kleinod mit: eine große Lutherbibel von 1736, mit Darstellungen sächsischer Herrscher geschmückt. Gekauft hatte sie Noriaki Ohwada, der ehemalige japanische Botschafter, 1987 in Weimar und, wie es hieß, relativ günstig.

Die Madonna von Sisto

Vor allem die Erwerbspolitik August II. (III.) sorgt für bis heute unverblassten Ruhm. Der politisch Glücklose wollte zur kulturellen Blüte beitragen, den Wohlstand des Landes mehren, unbekümmert um den Zeitgeschmack, den Raffaels Engel heute zur Dekoration in Textil- und Werbewirtschaft um so besser treffen. 1754 soll August selbst seinen Sessel im Dresdner Schloss zur Seite geschoben haben: ›Platz für den großen Raphael…‹ Die ›Madonna di San Sisto‹, seine letzte große Erwerbung, war gerade eingetroffen. Er hatte sie zum Rekordpreis von 12 500 Dukaten dem italienischen Benediktinerkloster abgekauft. Goethe schwärmte 1813 von den ›größten Meisterzügen der Welt‹, die er hier erblickt hatte. Tatsächlich erfüllt das

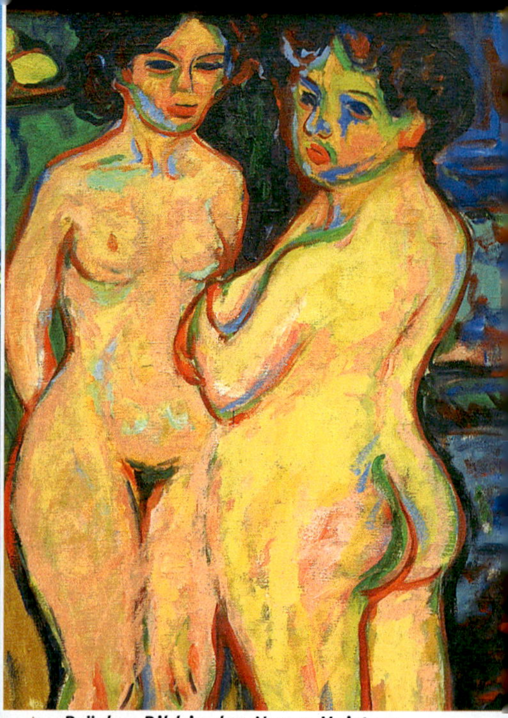

▲ ›Brücke‹-Bild in den Neuen Meistern

▲ Das Deutsche Hygiene-Museum präsentiert originelle Sonderausstellungen ...

▼ ... und betrachtet Mensch und Tier aus ungewohnter Perspektive

▲ Herausragend: das ›Kriegstriptychon‹ von Otto Dix in den Neuen Meistern

Galerie Finckenstein im Obergraben 19 ▼ Absteige für Kunstliebhaber: art'otel mit Werken Pencks

Werk der Hochrenaissance alle damals festgelegten Regeln der Kunst. Der geraffte Vorhang, die einander zugewandten Gesichter, die Wolke zu Marias Füßen und die Gloriole aus Engelsköpfen um das Christuskind spielen bis heute die ihnen zugedachte Rolle: sie gefallen.

SPECIAL

Nerven aus Draht

Das Herz ist aus Kunststoff, die Nerven sind Draht. Man kann sehen, wo die Nieren liegen und wo der Magen drücken kann – die Gläserne Frau gehört zu den bekanntesten Menschenmodellen, die das Deutsche Hygiene-Museum zeigt. Schon 1930 bei der 2. Internationalen Hygieneausstellung war Franz Tschackerts Schöpfung, die lebensgroße Frau mit der durchsichtigen Cellon-Haut ein Hit. Neun Exemplare gab es, und sie tourten durch die europäischen Großstädte. Nach dem Krieg waren es nur noch drei. Die Nachfolgerinnen ließen sich durch Plexiglas bestaunen. Heute gibt es auch Holzmenschen zum Aufklappen.

Elefanten im Porzellanzoo

Zuerst war es nur eine Mode, die damals übliche China-Mode, die August zum leidenschaftlichen Porzellansammler machte. Und wäre der Apothekergehilfe Johann Friedrich Böttger nicht so ein Großmaul gewesen, das behauptete, Gold herstellen zu können, hätte August der Starke ihn auch nicht in Gewahrsam genommen, nur zu alchimistischen Studien natürlich. Das mit dem Gold wurde bekanntlich nichts, aber dann war das Porzellan erfunden, noch ohne Feldspat und daher gelblich. 1710 wurde die Manufaktur in Meißen gegründet, und Aufträge gab es reichlich. Doch manche Rechnung blieb offen. Als der Kurfürst August 1733 starb, schuldete er der Manufaktur 47 926 Taler. 600 Soldaten hatte er 1717 gegen weißblau bemalte Deckelvasen Friedrich Wilhelms I. von Preußen getauscht. Weil der die Soldaten zum Dragonerregiment machte, heißen die Gefäße bis heute Dragonervasen. Und einen ganzen Zoo hat er zusammengetragen, den man in der Porzellansammlung im Zwinger besuchen kann: Pfauen schlagen Rad, Hunde raufen, Elefanten betrachten Besucher ...

▲ In der Kreuzkirche gibt der weltberühmte Kreuzchor regelmäßig Konzerte

▼ Herkuleskeule: Politisches Kabarett vom Feinsten

▼ Auftritt des Kreuzchors bei den Musikfestspie

›Sommernachtstraum‹ in der TheaterRuine

▼ Theaterinszenierung am Schauspielhaus

Lebendige Hochkultur

Dresden lockt vor allem Kunst- und Kulturgenießer, zuerst in die Semperoper, danach in die Staatlichen Kunstsammlungen, zu den Kreuzchorknaben, den Philharmonikern und dann? Im Neubau der Sächsischen Landesbibliothek – Staats- und Universitätsbibliothek zeigt ein Buchmuseum ein Skizzenbuch Albrecht Dürers, eine Handschrift der Mayas aus dem 13. Jh. und das Blumenbuch von Maria Sybilla Merian. Dafür hat der Wiener Architekt Manfred Ortner einen begehbaren Tresor, ›ein Haus im Haus‹ entworfen, in dem die bibliophilen Schätze in Vitrinen beleuchtet sind.

SPECIAL

Kruzianer

Den ganzen Tag lang fromme Gesänge darf man von Schülern der Kreuzschule nicht erwarten. Sie sind Kinder wie andere auch. Fast zumindest, aber das waren die Kruzianer nicht immer. Seit 1300 wurde an der Kreuzschule der Chorgesang gepflegt. Im 17. Jh. rühmte man ihre Kantoren für die Pflege der Kirchenmusik. Auch Richard Wagner war Kreuzschüler, aber Gesang gehörte wohl nicht zu seinen Begabungen. Weltberühmt machte Kreuzkantor Rudolf Mauersberger den Chor durch Tourneen. Zwar sandte der NS-Staat das ›Fähnlein Kreuzchor‹ in HJ-Uniform als ›Bote des neuen Deutschlands‹ bis in die USA, aber er hat nie nationalsozialistische Lieder gesungen. In der DDR-Zeit als ›Städtische Vokalkapelle‹ verstaatlicht, sang der Kreuzchor auch bei den Weltjugendfestspielen. Er durfte weiter ins nichtsozialistische Ausland fahren, und auch das Abitur war den Sängern sicher. Nur ein Privileg blieb nach der Wende erhalten: Die Sänger dürfen sich zu Weihnachten etwas wünschen.

Die Kinder der Meister

Lang ist die Liste der Maler, die in Dresden lebten und arbeiteten und ihre Kunst gewürdigt sahen. Mit Caspar David Friedrich begann die Entwicklung der Romantik. Philipp Otto Runge, Carl Gustav Carus, später Ludwig Richter erarbeiteten sich über Dresden hinaus berühmte Namen. Die Expressionisten Ernst-Ludwig Kirchner, Karl Schmidt-Rotluff, Erich Heckel

▲ *Striezelmarkt, seit 1434 der älteste Weihnachtsmarkt Deutschlands*

▼ *Märchenlesungen und Bauchtanz unter der Yenidze-Kuppel*

▲ *Theaterfestival Schaubudensommer*

▼ *Dekonstruktivistischer Kristall: UFA-Pal*

▼ Die Kuppel der ungewöhnlichen Yenidze leuchtet in der Nacht

und Fritz Bleyl gründeten 1905 die Künstlervereinigung ›Die Brücke‹. Oskar Kokoschka und Otto Dix lehrten an der Kunstakademie. Hauptwerke der deutschen Romantik und des deutschen Impressionismus werden seit 1960 in der damals gegründeten Galerie Neue Meister gezeigt. Was fehlt? Die Moderne.

TIPP

Kristall statt Stein

An der Prager Straße, bis zum Krieg schönste Flaniermeile der Stadt und danach Beispiel für sozialistische Plattenbauweise, hat das Wiener Architekturbüro Coop Himmelb(l)au 1998 mit Glas, Stahl und Sichtbeton den Kontrapunkt zu allem Sandstein gesetzt, den Neubau für zwei UFA-Kinos. Verwinkelte Treppen und Stege führen ins futuristische Foyer und in acht Kinosäle. Abends leuchtet der avantgardistische Kristall.

...und die Enkel

Gerhard Richter, erfolgreichster Maler der Gegenwart, erregte 2002 Aufsehen, als sein ›Fels‹ von 1989 bei einer Solidaritäts-Auktion zugunsten der Staatlichen Kunstsammlungen seiner Heimatstadt, die unter dem Hochwasser des Jahres gelitten hatten, für 2,6 Millionen Euro versteigert wurde. Der unbekannte Käufer hat das Bild als Dauerleihgabe in der Galerie Neue Meister gelassen.

Richter und seine Zeitgenossen hadern nicht mit der Vorliebe Dresdens für alte Meister. Ein Neuer Sächsischer Kunstverein, 1990 gegründet, fördert in privatem Rahmen die neue Sprache der Malerei, wie sie auch mit Werken von Hans Uhlig, Georg Baselitz und A. R. Penck längst weltbekannt geworden ist. Und dass Dresdens Kunstgeschichte noch lange nicht zu Ende ist, führen im Kunstquartier um Rähnitzgasse und Obergraben neue Galerien im Barockviertel Königstraße der Inneren Neustadt vor. Um sie zu erkunden, muss man den Alten Meistern den Rücken kehren und die Brücke zur Neustadt überqueren. Dafür, dass es an neuer Kunst nicht fehlt, sorgt schließlich auch die Hochschule für Bildende Künste an der Brühlschen Terrasse.

Leipziger Vorstadt
Neustadt
Äussere Neustadt
Innere Neustadt
Johannstadt
Altstadt
Pirnaische Vorstadt
Seevorstadt-Ost
Wilsdruffer Vorstadt/Seevorstadt-West
Südvorstadt
Plauen
Großer Garten
Elbe
Ostragehege
Messe Dresden
DD-Neustadt
DD-Mitte
DD-Hauptbahnhof
DD-Strehlen
Magdeburger Str.
Leipziger Str.
Großenhainer Str.
Fritz-Reuter-Str.
Hansastr.
Königsbrücker Str.
Bautzner Str.
Radeberger Str.
Marienbrücke
Augustusbrücke
Carolabrücke
Albertbrücke
Terrassenufer
Wilsdruffer Str.
Pillnitzer Str.
Grunaer Str.
Stübel-Allee
Tiergartenstr.
Strehlener Str.
Budapester Str.
Nürnberger Str.
Reichenbachstr.
Zellescher Weg
Teplitzer Str.
Ammonstr.
Könneritzstr.
Weißeritzstr.
Freiberger Str.
Prager Str.
Petersburger Str.
Bürgerwiese
Lennéstr.
Zoologischer Garten
Botanischer Garten
Die Gläserne Manufaktur
Universität
Volkspark
Maßstab 1:20.000
300 m

Infos

Blick vom Rathausturm über Kreuzkirche und Altmarkt bis zum Schloss und zur Hofkirche

Musik

Altstadt: Die **Semperoper** 15 am Theaterplatz ist eine klassische Oper in eben solchem Ambiente und Stammhaus der Sächsischen Staatskapelle. Sie gehört zu einem der traditionsreichsten Orchester der Welt, das 1998 sein 450-jähriges Bestehen feierte (www.semperoper.de, Spielplaninformationen/Kartenangebote Tel. 0351/4911740, Kartenreservierungen Tel. 0351/4911705, Restkarten Tel. 0351/4911777).

> **TIPP**
>
> ### Kartenvorverkauf
>
> Tickets gibt es in der Schinkelwache, Mo.–Fr. 10.00–18.00, Sa. 10.00–13.00 Uhr, Tel. 0351/4911740, im Kulturpalast, Schlossstr. 2 (am Altmarkt), Mo. bis Fr. 10.00–19.00, Sa. 10.00–14.00 Uhr, Tel. 0351/4866666, in der Konzertkasse im Florentinum, Ferdinandstr. 12, Tel. 0351/866600 und bei Sax-Ticket, Tel. 8038744. Das aktuelle Programm findet man unter www.ticketcentrale.de, www.kulturpalast-dresden.de oder in den Stadtmagazinen ›Sax‹ und ›Prinz‹.

Im **Kulturpalast** 21 am Altmarkt spielt die Dresdner Philharmonie, die nach wie vor einen hervorragenden Ruf in der Musikwelt hat (www.dresdnerphilharmonie.de, Kartenbestellungen Tel. 0351/4866306, Abendkasse Tel. 0351/4966330).

Den weltberühmten Dresdner Kreuzchor kann man in der **Kreuzkirche** 22 am Altmarkt erleben. Kreuzchorvespern gibt es an ausgewählten Samstagen Jan.–Ostern 17.00 und Ostern–Dez. 18.00 Uhr (www.dresdnerkreuzkirche.de, Tel. 0351/4965807). Die Kreuzkirche ist mehrfach abgebrannt und neu errichtet worden, und auch 1945 bis auf die Außenmauern zerstört. Am 13. Februar 1955 wieder geweiht, wurde sie in der Vorwendezeit zum Treffpunkt der DDR-Kritiker. Oft finden Konzerte in der **Musikhochschule ›Carl Maria von Weber‹** 14 statt (Wettiner Platz 13, Tel. 0351/492360).

Die 1947 gegründete **Staatsoperette** widmet sich ausschließlich dem Genre der Operette widmet und auch Tanzrevuen zeigt (www.staatsoperette-dresden.de, Pirnaer Landstr. 131, Tel. 0351/2079929).

Neustadt: Mitreißenden Jazz hört man im **Jazzclub Neue Tonne** 6 (www.jazzclub-tonne.de, Königstr. 15, Tel. 0351/8026017).

Party- und Konzertlocation für Junges und Wildes ist die **Scheune** 3 (Alaunstr. 36–40, Tel. 0351/8045532).

Einer der beliebtesten Konzertorte Dresdens ist der **Alte Schlachthof** 2 mit der Bandbreite von Pop, Rock bis Musical und Klassik.

In Dresden-Hellerau sitzt das **Dresdner Zentrum für zeitgenössische Musik**, eine renommierte Einrichtung für moderne Musik (www.zeitmusik.de, Karl-Liebknecht-Str. 56, Tel. 0351/264620).

Die **Dresdner Sinfoniker** sind das erste Sinfonieorchester Europas, das ausschließlich zeitgenössische Musik (ur-)aufführt (www.dresdner-sinfoniker.de, Spielort, Programm Tel. 0351/49036059.

> **TIPP**
>
> ### Wie im Orient
>
> Die Moschee mit bunter Glaskuppel und Minarett ließ der Industrielle Hugo Zietz 1907–1912 für sein Tabakkontor ›Yenidze‹ bauen. Das ungewöhnliche Bauwerk ist nach einem türkischen Tabakanbaugebiet benannt. Adolph Hammitzsch, der sich beim Entwurf an den Kalifengräbern von Kairo orientierte, wurde dafür aus der Reichsarchitektenkammer ausgeschlossen. Aber er hatte den ersten Stahlbetonskelettbau Deutschlands errichtet und den Schornstein im Minarett versteckt. 1952 wurde die Produktion eingestellt. Heute hört man unter der Kuppel der Yendize 7 Märchen oder erlebt Bauchtanz (www.1001-maerchen.com, Weißeritzstr. 3, Tel. 0351/4951001).

Theater

Altstadt: Die verlässliche Adresse für Klassisches und Zeitgenössisches ist das **Schauspielhaus** 20 am Zwinger (www.staatsschauspiel-dresden.de, Theaterstr. 2, Spielplanauskunft Tel. 0351/4913570, Kartenreservierung Tel. 0351/4913555).

Seit 1988 ein Ort für musikalische wie literarische Entdeckungen von Karl Kraus bis Kabarett ist der **Theaterkahn Dresdner Brettl** 16 (www.theaterkahn-dresden.de, Terrassenufer unterhalb der Augustusbrücke, Tel. 0351/4969450).

Politisches Kabarett, etwas giftiger als in schwierigen Vorwendezeiten, wird in der **Herkuleskeule** 25 geboten (www.herkuleskeule.de, Sternplatz 1, Tel. 0351/4925554).

Außergewöhnliche Spielstätte: der Theaterkahn am Elbufer unterhalb der Augustusbrücke

Freunde der leichteren Muse sehen in der **Komödie Dresden** 24 Boulevard-Theater (www.komoedie-dresden.de, Freiberger Str. 39 (WTC), Tel. 0351/866410).

Die **Landesbühnen Sachsen/Felsenbühne Rathen** bieten als Dreispartentheater Oper, Schauspiel und Ballett und treten an unterschiedlichen Orten auf, z. B. im Zwinger und auf der Felsenbühne (www.dresden-theater.de, Stammhaus Radebeul, Meißner Landstr. 152, Tel. 0351/8954214; Felsenbühne Tel. 035024/7770).

Ein beliebtes Kinder- und Jugendtheater ist das **Theater Junge Generation** (Meißner Landstr. 4, Tel. 0351/4291220).

Das **Kabarett Breschke & Schuch** ist ›helle, heeflich und heemtticksch‹ (www.kabarett-breschke-schuch.de, Wettiner Platz 10/Eingang Jahnstr., Tel. 0351/4904009).

Angesagter Ort für Kabarett, Comedy und Gastspiele ist das **Wechselbad** (Maternistr. 17, Tel. 0351/7961155).

Kinder haben ihren Spaß im **Puppentheater Sonnenhäusl** 28 im Großen Garten (Progamminformation Tel. (0173) 9243684, Kartentel. 0351/4456870)

Neustadt: Die **Kleine Szene** 5 der Sächsischen Staatsoper bietet Musiktheater (Bautzner Str. 107, Programm Tel. 0351/4911731, Kartentel. 0351/4911705).

TIPP

›Kapelle für Kids‹

heißt eine Veranstaltungsreihe für Kinder und Jugendliche, bei der der Hornist Julius Rönnebeck gemeinsam mit einem Kind moderierend die Instrumente des Orchesters vorstellt. Drei Mal pro Spielzeit findet die Veranstaltung in der Kleinen Szene statt (Termine unter Tel. 0351/4911450).

Das **Kleine Haus** 10 (Glacisstr. 28, Tel. 0351/4913555) lädt immer freitags zur ›Neubau‹-Nacht mit Dokumentarfilmen, zeitgenössischen Inszenierungen und anschließender Party mit DJ.

Moderne Kammerspiele bietet das **Societätstheater** 11 (www.societaetstheater.de, An der Dreikönigskirche 1a, Tel. 0351/8036810).

Im Sommer finden in der **TheaterRuine** 1 Theaterstücke und Konzerte unter freiem Himmel statt (Königsbrücker Platz, Tel. 0351/2721444).

Ein Dinner-Varieté veranstaltet das **Trocadero Sarrasani Theater** – Show mit erstklassigen Artisten und einem 4-Gänge-Menü (Große Meißner Str. zw. Blockhaus und Hotel The Westin Bellevue,Tel. 0700/727727264).

Das **Projekttheater** ist eine Tanzbühne ohne festes Ensemble und macht alternatives Theater (www.projekttheater.de, Louisenstr. 47, Tel. 0351/8107611).

Museen

Altstadt: Im **Zwinger** 17 residiert die berühmte Gemäldegalerie Alte Meister (Öffnungszeiten: Di.–So. 10.00–18.00, Führungen: Fr., So. 16.00 Uhr). Die Sempergalerie des Zwingers wurde nach Entwürfen Gottfried Sempers seit 1847 gebaut und 1855 für das Publikum als ›Neues Königliches Museum‹ als eine der reichsten Sammlungen europäischer Malerei aus dem 15. bis 18. Jh. eröffnet. Als 1942 immer massivere Bombenangriffe die Galerie gefährdeten, wurden die Gemälde in bombensichere Gegenden ausgelagert, aber beim Einmarsch der Russen sortierte eine ›Trophäenkommission‹ aus, was abtransportiert wurde. 1955 konnte eine DDR-Regierungsdelegation die 1240 Dresdner Gemälde in Moskau abholen. 1960 wurde die Galerie wieder eröffnet, ab 1989 saniert und seit der Wiedereröffnung 1992 werden etwa 750 Gemälde gezeigt. Im Erdgeschoss sind Veduten Bellottos, im Westflügel des ersten Obergeschosses Hauptwerke der italienischen Renaissance (Giorgione, Schlummernde Venus; Tizian, Der Zinsgroschen; Pinturicchio, Bildnis eines Knaben) und die ›Sixtinische Madonna‹, im Ostflügel ist flämische Barockmalerei (Rubens, Bathseba am Springbrunnen, den Brief Davids erhaltend) zu sehen, im Rembrandt-Saal hängt sein Selbstbildnis mit Saskia, in den Seitenkabinetten italienische Malerei des 14.–17. Jh.s (Messina, Der heilige Sebastian; Veronese, Die Madonna mit der Familie Cuccina), im Mittelrisalit französische Malerei des 17. Jh.s (Lorrain, Küstenlandschaft mit Acis und Galatea) und im Obergeschoss französische und italienische Malerei des 18. Jh.s sowie spanische Malerei des 16. und 17. Jh.s (El Greco, Die Heilung des Blinden).

Durch den Glockenspielpavillon gelangt man zur **Porzellansammlung** (Öffnungszeiten: Di.–So. 10.00–18.00, Führungen Do. 16.00 Uhr) mit chinesischer Keramik aus dem 3. Jh. v. Chr. bis zur Mingdynastie (17. Jh.), früher japanischer und koreanischer Keramik des 16.–18. Jh.s, Böttger-Steinzeug und Meißner Porzellan aus dem 18. Jh. sowie Vasen, Grabbeigaben und Großfiguren.

In der Osthalle der Sempergalerie wird die **Rüstkammer** (Öffnungszeiten: Di.–So. 10.00 bis 18.00 Uhr) präsentiert; als erste Kunstsammlung Dresdens war sie schon 1567 inventarisiert. Ausgestellt sind prachtvoll und edel geschmückte Prunkwaffen, Harnische und Rüstungen – man wundert sich immer wieder, wie klein die Fürsten und wie kunstvoll ihre Steigbügel waren. Zu sehen sind Dolche mit Uhr im Knauf, Pistolen mit Gesichtern, bebilderte Sturmhauben und das Kurschwert von 1547, mit dem Moritz von Sachsen die Niederlage des Schmalkaldischen Bundes herbeigeführt haben soll.

Im nordwestlichen Zwinger-Pavillon befindet sich der **Mathematisch-Physikalische Salon**, der faszinierende Technik aus vorindustrieller Zeit zeigt und eine Sammlung von Erd- und Himmelsgloben (arabischer Himmelsglobus von 1219) sowie Blaise Pascals Rechenmaschine von 1642 und damit die älteste der Welt, und eine Planetenlaufuhr besitzt.

Über den Eingang Kronentor kommt man zum **Museum für Mineralogie und Geologie** mit einer Meteoritensammlung.

Staunen und entdecken: Im Deutschen Hygiene-Museum kann man selbst aktiv werden

Infos

Skulpturensammlung im Nachflutzustand 2002

Bis jetzt sind in das Dresdner **Schloss** ⓲ (Öffnungszeiten: Mi.–Mo. 10.00–18.00, Führungen: Mo. 11.00, 16.00, Mi. 16.00 Uhr) das **Neue Grüne Gewölbe** (Führungstermine Tel. 0351/4914678) und das **Kupferstichkabinett** wieder zurückgekehrt. Erlesenes aus Gold, Elfenbein und Edelstein vom Mittelalter bis zum Barock aus der Schatzkammer der Wettiner sind im Neuen Grünen Gewölbe im ersten Obergeschoss zu bestaunen. Das **Historische Grüne Gewölbe** wird 2006 an seinem Ursprungsort im Erdgeschoss des Westflügels wieder eröffnet in seiner Fassung von 1733 als spätbarockes Gesamtkunstwerk. Im Juwelenzimmer werden die Juwelengarnituren der sächsisch-polnischen Könige sowie der Schmuck der Kurfürsten zu sehen sein. Im dritten Obergeschoss stellt das Kupferstichkabinett grafische Werke (Stiche, Zeichnungen, Druckgrafik, Holzschnitte, Aquarelle) vom 15. Jh. bis zur Gegenwart aus – von van Eyck über Dürer und Rembrandt bis hin zu Toulouse-Lautrec und Picasso.

Das **Albertinum** ⓳ (Georg-Treu-Platz 2, Öffnungszeiten: Fr.–Mi. 10.00–18.00, Führungen: Mo., Mi. 16.00 Uhr) teilen sich die Gemäldegalerie Neue Meister, die Skulpturensammlung und das Münzkabinett. Voraussichtlich ist das Albertinum von Februar 2005 bis 2008 wegen Umbaus geschlossen!

Die **Gemäldegalerie Neue Meister** spannt den Bogen von der Romantik (Caspar David Friedrich) über Impressionismus (Monet, Liebermann, Slevogt), Expressionismus (›Brücke‹-Künstler) und Nachkriegskunst (Dix, Grundig) bis zur Moderne (Baselitz, Penck, Mattheuer, Tübke, Richter). Die **Skulpturensammlung** enthält römische Kopien von griechischen Meisterwerken und zeitgenössische Plastik. Im **Münzkabinett** befinden sich Münzen aus allen Währungsperioden seit der Antike.

Das **Deutsche Hygiene-Museum** ㉗ ist in seiner Art weltweit einmalig (Lingnerplatz 1, Öffnungszeiten: Di.–So. 10.00–18.00, Führungen: Sa., So. 14.00 Uhr (15.00 für Kinder). Es zeigt den Menschen als ein mit seiner Umwelt, Natur und Gesellschaft vernetztes Wesen. An Sonn- und Feiertagen können Kinder von 10.00–14.00 Uhr auf Entdeckungsreise gehen, spielen, forschen, sich im Mikroskopieren üben und experimentieren (Termine unter Tel. 0351/4846670).

Das historische Landhaus, seit 1965 **Stadtmuseum** ㉓ (Wilsdruffer Str. 2), wurde von der Jahrhundertflut 2002 hart getroffen und wird erst nach der Sanierung im Herbst 2005 mit einer auf fünf Jahre ausgerichteten Sonderausstellung zur Frauenkirche wieder eröffnen. Die Dauerausstellung ab 2006 befasst sich mit der Entwicklung Dresdens von der Gründung bis zur Gegenwart. Seit Anfang 2005 präsentiert die **Städtische Galerie** ihre Kunstsammlung in der ersten Etage, zu der die doppelläufig geschwungene Rokoko-Treppenanlage führt.

Die **Sächsische Landesbibliothek, Staats- und Universitätsbibliothek Dresden** (Zellescher Weg 18) ist seit 2002 in einem neuen Gebäude untergebracht, das die Stadt um ein weiteres Stück moderner Architektur reicher macht (Architekturführungen Tel. 4677114).

Das **Buchmuseum** ㉙ im Zimelienzimmer verwahrt bibliophile Schätze, darunter Bachs h-Moll-Messe (Öffnungszeiten: Mo.–Fr. 9.00 bis 16.00, Führungen: Mi. 16.00, Sa. 14.00 Uhr).

Neustadt: Im **Japanisches Palais** ❽ (Palaisplatz 11, Öffnungszeiten: Di.–So. 10.00–18.00 Uhr) befinden sich das **Staatliche Museum für Völkerkunde** mit Exponaten zu Kultur und Lebensweise außereuropäischer Völker mit Schwerpunkt auf Ozeanien und malaiischen Inseln, das **Landesmuseum für Vorgeschichte** mit wechselnden Ausstellungen zur Archäologie Mitteleuropas und Sachsens und das **Museum für Tierkunde**, das Teile seiner Sammlungen (Käfersammlung, Exemplare ausgestorbener Tiere) in Sonderausstellungen zeigt.

Im klassizistischen Kügelgenhaus, heute **Museum der Dresdner Frühromantik** ❾ (Hauptstr. 13, Öffnungszeiten: Mi.–So. 10.00 bis 18.00 Uhr), trafen sich bedeutende Künstler der deutschen Romantik. Es widmet sich der Zeit zwischen Klassizismus und Biedermeier, zwischen Romantik und industrieller Revolution.

Die Städtische Galerie für Gegenwartskunst befindet sich im **Kunsthaus Dresden** ⓬ (Rähnitzgasse 8, Öffnungszeiten: Di.–Fr. 14.00–19.00, Sa., So. 10.00–18.00 Uhr).

Der schönste Teil des Jägerhofs, der Westflügel (1617) mit dem reich verzierten Renaissancegiebel, beherbergt das **Museum für Sächsische Volkskunst** ⓭ (Köpckestr. 1, Öffnungszeiten: Di.–So. 10.00–18.00 Uhr). Im Erdgeschoss sind bemalte Möbel und Hausrat, im Obergeschoss sächsische und sorbische Trachten und Klöppelarbeiten sowie erzgebirgische Schnitzereien zu sehen. An Ostern und im Advent wird traditionelle Handwerkskunst vorgeführt.

In der Villa Augustin nahe dem Albertplatz, wo ein Onkel Kästners Pferdehandel betrieb, ist ein originelles interaktives **Erich-Kästner-Museum** ㉛ zum Schauen und Stöbern eingerichtet (Antonstraße 1, Öffnungszeiten: So.–Di. 10.00–18.00, Mi. bis 20.00 Uhr).

Die **Kraszewski-Gedenkstätte** ❹ im ehemaligen Wohnhaus des polnischen Schriftstellers Józef Ignacy Kraszewski (Nordstr. 28, Öffnungszeiten: Mi.–So. 10.00–18.00 Uhr) gibt Einblick in sein Leben und Werk. Weil er in 58 Schriftstellerjahren 346 Werke in 600 Bänden schuf, galt er als ›Bücherschmied‹. Seine Romane befassen sich mit den sächsisch-polnischen Beziehungen zur Zeit Augusts des Starken (›Gräfin Cosel‹, ›Brühl‹, ›Der Siebenjährige Krieg‹).

Das **Militärhistorische Museum** (Olbrichtplatz 2, Öffnungszeiten: Di.–So. 9.00–17.00 Uhr) wird bis 2008 zum Leitmuseum der Bundeswehr von einem der renommiertesten zeitgenössischen Architekten, Daniel Libeskind, umgebaut. Die Sammlung ist bis dahin in einem Interimsgebäude auf dem Museumsgelände zu sehen, die einen Überblick über die Militärgeschichte von 1500 bis in die Gegenwart gibt. Zu den Exponaten gehört das Riesengeschütz ›Faule Magd‹ von 1450, das erste deutsche U-Boot ›Brandtaucher‹ von 1850/1851 und auf dem Freigelände Großgerät von NVA und Bundeswehr.

In der Garnisonskirche ist die **Puppentheatersammlung** ㉚ (Stauffenbergallee 9/Eingang D, Öffnungszeiten: Di.–Fr. 10.00–17.00, Aufführungen: am letzten So. im Monat 10.00–17.00 Uhr) untergebracht: Sie enthält Wandermarionetten des 18. und 19. Jh.s, Fantasiemarionetten, Hand-, Stab- und Stockpuppen des 19. und 20. Jh.s sowie Spielfiguren fernöstlicher Theater.

Kinos

Programmkino Ost, Schandauer Str. 73, Tel. 0351/3103782

UFA-Kristallpalast ㉖, Prager Str. 6, Tel. 0351/4825825

Schauburg, Königsbrücker Str. 55, Tel. 0351/8032185

Chips und Chancen

Ein bisschen Sand, ein paar Palmen, einige Liegestühle und eine Beachbar machen den Elbstrand im Sommer zur Côte de Sax mit schönster Aussicht. Wer tagsüber im Mikroelektronikzentrum winzige Chips mit Informationen füttert, Häuser der Zukunft entwirft und Stadtoasen plant, zieht abends auch gern um die Häuser. Wer nicht mehr zwanzig ist, lässt sich zum ›Älternabend‹ einladen, wippt mal zu Dixieland oder auch zu Artrock made in GDR. Und die Bunte Republik Neustadt wird einmal im Jahr als Fest der Jungen wieder belebt.

Süßes Nichtstun: nur am Elbestrand sitzen und im Angesicht der Altstadt miteinander plaudern.

▲ *Beim Schaubudensommer schlagen internationale Wanderbühnen ihr Zelt auf*

▼ *Frank's Bar: Kleine Bar mit großem Ruf – Frank Ulbricht mixt 200 Drinks*

▲ *Eine Schönheit der Nacht in der Dance Factory*

Scheunecafé: trotz provisorischem Ambiente total beliebt

▼ Livemusik im Irish Pub Tir na n'og

Der ›Älternabend‹ in Katys Garage an der Alaun-, Ecke Louisenstraße mit ›Hits der 80er- und 90er-Jahre‹ ist eine Party für Leute ab 30 und beginnt um 20.00 Uhr. Aber auch die Jüngeren sind am frühen Abend schon unterwegs, zur Studentenparty ins El Paraiso, zum Cyberpunk in die Nachtcantine, zum Obstgarten mit Single-Tanz, zum Rock in der Scheune. Geboten wird – mit gelegentlichen Ausnahmen – Mainstream. Jazzklänge suchen sich aus dem Blue Note den Weg ins Freie, während Touristen auf der Suche nach der Subkultur die schmalen Straßen der Äußeren Neustadt zu beiden Seiten der Alaunstraße durchstreifen.

SPECIAL

Alte Musik

Mit Artrock made in GDR lässt sich Dresden immer noch unterhalten, tönten doch aus dem Elbtal in den späteren 1970ern Lift, Electra und Stern Combo Meißen. N-Ostalgie füllt Säle, vor allem, wenn die Besucher zur Älterngeneration gehören und die Texte na, zumindest mitsummen können. ›Wenn der weiße Flieder wieder blüht‹ gehört allerdings zum Sound der Großelterngeneration – oder zum Repertoire des Dresdner Salonorchesters, das die Zwanziger bis Sechziger Jahre auf Showbühnen wie zum Tanz im gediegenen Stil belebt. Aus einer studentischen Idee entstanden, genügt die Gruppe längst höchsten Ansprüchen, ist im Rundfunk zu hören und tritt, als Bewahrerin einer alten Kultur, im Ballhaus Watzke auf.

Platz für Stadtoasen

Im Juni 1991 wurde die Äußere Neustadt zum Sanierungsgebiet für die nächsten 15 Jahre erklärt, in denen die historisch gewachsenen Straßenzüge wieder hergestellt werden sollten. Die Partnerstadt Hamburg hatte ein Sofortprogramm als Erste Hilfe spendiert. Nur wenige Straßen warten nun noch altersgrau auf buntere Zeiten. Die Kneipenmenge hat das halbe Hundert überschritten und nimmt immer noch zu, die schönsten (Bier-)Gärten sind längst vergeben. Hinter dem Raskolnikoff in der Böhmischen Straße plätschert Wasser futuristisch vor einer historischen Mauer und Weinlaub zaubert Schattenmuster in

▲ Äußere Neustadt: bunte Oase der Subkultur

▲ Zeit vertrödeln lässt sich herrlich in den Cafés der Kunsthofpassage

▼ Pop, Indie, Elektro im Madness

Kunsthofpassage: Moderne Hinterhofgestaltung ▼ Weinlaubüberrankter Biergarten des Raskolnikoff

die Stadtoase. Überall gibt es Kunst in vielfältigen Formen, als Wandschmuck, als Arbeitsergebnis begabter Handwerker, und man kann sie auch mit Nadel und Tinte in die Haut geritzt nach Hause tragen. Kleine Läden bieten an, was zu Szene-Vierteln gehört, ein bisschen Mode, Schmuck und Wasserpfeifen. Die edlere Einkaufsmeile liegt einen Spaziergang entfernt in der barocken Königstraße. Schnell fällt auf, dass im Straßenbild der Äußeren Neustadt die alten Menschen fehlen. Ihr Viertel ist es wohl nicht mehr, auch wenn Heizungen den Kohleöfen gewichen sind und die Toiletten nicht mehr auf halber Treppe liegen.

Erlebnispfad

Zur spielerischen Entdeckung des Viertels haben Stadtplanungsamt und Sanierungsträger einen Erlebnispfad mit 30 ›Blickwinkeln‹ ersonnen. Durch das ›Wassertelefon‹ wird man an der Ecke Jägerstraße das Flüsschen Prießnitz flüstern hören. Am Alaunplatz sollen Passanten in die ›dufte Wiese‹ eintauchen und die Pflanzenvielfalt erkunden. Mit welcher Leichtigkeit Wasser eine Granitkugel zu heben vermag, kann man schon am Brunnen auf dem Martin-Luther-Platz beobachten. Noch sind Ideen der Anwohner willkommen, auch zur Finanzierung des Projektes.

Neustadt Altendresden

Vorwiegend barock bleibt Dresden auf der rechtselbischen Seite in der Inneren Neustadt, die wirklich die Altstadt ist. 1403 hatte der Markgraf Wilhelm von Meißen der Siedlung Altendresden das Stadtrecht verliehen. Kurfürst Moritz ließ sie 1549 eingemeinden und der Bürgermeister büßte seinen Protest mit einer Woche Kerker. Ein Großbrand 1685 vernichtete fast alle Gebäude Altendresdens. Erst August der Starke befahl den Aufbau eines neuen barocken Viertels, der ›Neuen Königsstadt bei Dresden‹, was sich über die Zeit zur Neustadt abgeschliffen hat. Der Weg über die Augustusbrücke lohnt sich. Hinter den Plattenbauten, die man am rechten Elbufer sieht, verbirgt sich manches architektonische Juwel. Und vom Glockenspielpavillon am Japanischen Palais hat man die berühmteste Sicht auf Dresden: den ›Canaletto‹-Blick.

▲ Denkmal für Erich Kästner

▲ Jugendstil-Treppenhaus

▼ Dixieland-Festival: Bands ziehen durch die Straßen

▲ Erich-Kästner-Museum: Es befasst sich auf originelle Weise mit Kästr

ärchenhaft: die Puppentheatersammlung ▼ Königstraße: zur eleganten Barockstraße restauriert

Dixie-Land

Immer im Mai verbreitet sich in Dresden seit 1971 für einige Tage das Dixie-Fieber. Es ist unmöglich, sich den Dixielandklängen zu entziehen, wenn das seit 1971 schon traditionelle Festival die Stadt mit Tönen und Tausenden Besuchern füllt. Stadtbummler wippen am Zwinger, an der Elbe, im Großen Garten im Takt. Nach New Orleans soll dies die zweitgrößte Veranstaltung ihrer Art weltweit sein. Drei Dutzend Gruppen aus einem Dutzend Länder, von New Orleans bis Bali, jazzen an 60, 70 Orten, was das Zeug hält. Ob Riverboat-Shuffle auf der Elbe, Kulturpalast oder Freilichtbühne im Großen Garten, Alter Schlachthof an der Leipziger Straße, Busbetriebshof Gruna an der Tiergartenstraße – die Karten sind früh ausverkauft. Dennoch kommen alle anderen nicht zu kurz. Umsonst und draußen gibt es die Jazzmeile auf der Prager Straße, Bands ziehen durch die Stadt, Kinder musizieren mit Klapperholz und Triangel auf eigene Art. Ganz anders, mit bemerkenswerter Improvisationskunst und nicht weniger Spielfreude, unterhalten junge Musiker die Gäste im Keller der ›Kanzlei‹ in der Striesener Pohlandstraße fern ab von den Standards, die immer wieder auch in Neustadt-Kneipen zu hören sind. Aber die avantgardistischen Klänge sind nur dann zu hören, wenn die begabten Musiker nicht auf Tournee sind.

SPECIAL

›Kästner's‹

Am Albertplatz bedeckt ein Hut einen Bücherstapel, ein Denkmal für Erich Kästner, der in der Königsbrücker Straße 66, später 48 und noch später 38, wohnte. Es steht vor dem ehemaligen Café Kästner, das mittlerweile zu ›Kästner's‹ wurde. Der Film ›Emil und die Detektive‹, 1931 von Billy Wilder gedreht, machte den Dichter damals bekannt. Der Film schildert die Abenteuer einer Kindergruppe auf der Jagd nach einem Ganoven in Berlin. Die Idee jedoch entstand hier, denn der kleine Erich hatte eine Betrügerin von der Neustadt bis zum Altmarkt verfolgt, weil sie seiner Mutter, die als Friseuse tätig war, den Lohn schuldig geblieben war.

▲ Römisches Bad von Schloss Albrechtsberg

▲ Der Artesische Brunnen stillt den Durst

▼ Auch Kindern hat Dresden so einiges zu bieten

▲ Bunte Republik Neustadt: Unkonventionelles Fest

▼ Hauptsache bunt: Bodypainting bei der Bunten Republik Neustadt

Bunte Republik Neustadt

Früher war die Bezeichnung Bunte Republik Neustadt ein Synonym für die Äußere Neustadt. Heute heißt das Stadtteilfest so, das regelmäßig im Juni das ganze Viertel drei Tage lang zum Tanzen bringt. Das Areal zwischen Königsbrücker Straße, Bautzner Straße und Bischofsweg kann fast als Dresdens ›Prenzlauer Berg‹ bezeichnet werden, wo die Dresdner Szene zu Hause ist. Denn in der Äußeren Neustadt hat sich nach der Wende eine sinnenfrohe und ganz eigene bunte Blüten treibende Szene mit vielen Kneipen, Tante-Emma- und Trendläden, Bühnen, Galerien und Treffs entwickelt.

SPECIAL

Zufluchtsort

Für Menschen aus der zerstörten Innenstadt war die Äußere Neustadt nach dem Krieg ein Zufluchtsort. Das schöne Gründerzeitviertel war erhalten, aber es wurde weder gepflegt noch bewahrt, das Regenwasser tropfte bald aus maroden Dächern in Eimer und Wannen, bis die Bewohner neue Räume fanden. Studenten besetzten seit den 1970er Jahren illegal die verfallenden Häuser, Maler und Musiker suchten Raum und lebten eben alternativ. Leere Fensterhöhlen, zugenagelte Eingänge, Birken in den Mansarden gehörten Ende der 1980er Jahre zum Stadtbild. Fast die Hälfte der Häuser war schwer geschädigt. Mit der Wiedervereinigung kam neben der Furcht vor der Zukunft auch die Entschlossenheit, das Viertel vor Miethaien (›Miethaie zu Fischstäbchen‹) und für das bunt gemischte Künstlervolk zu bewahren: ›Sie betreten den demokratischen Sektor der Bunten Republik Neustadt‹ mahnten Schilder an den Zufahrtsstraßen.

Vorbei sind jedoch die unruhigen Zeiten, da die neue Demokratie wie kurz nach der Wiedervereinigung mit Körperkraft, Flaschen und Feuer auf die Probe gestellt wurde: Das Szenecafé Le Mitropa wurde nach Auseinandersetzungen zwischen linken und rechten Jugendlichen geschlossen, das Bronxx ging in Flammen auf und damit unter. Die ersten Szenekneipen nach der Wende, das Raskolnikoff und die Planwirtschaft, sind mittlerweile Klassiker.

▲ *Afrikanischer Wein, Bücher und Kunsthandwerk im Kalahari*

▲ *Bei Frau Peevski gibt es irre schicke Kreationen*

▲ *Pfund's Molkerei: der ›schönste Milchladen der Welt‹*

▼ *Angesagte Cafés und Trendläden*

▼ Toast Records hat eine gigantische Plattenauswahl

Mehr Chips

Wenn Dresden für 2003 stolz 5600 Geburten meldete und mittlerweile elf von hundert Sachsen in Dresden leben (1971 waren es neun), während die Bevölkerungszahl in anderen ostdeutschen Städten abnimmt und immer mehr junge Menschen westwärts ziehen, dann liegt das auch an der zunehmenden Zahl der für junge, gut ausgebildete Menschen attraktiven Arbeitsplätze. In unmittelbarer Nähe der seit 1996 produzierenden Chip-Fabrik am Rande der Stadt wurde im November 2003 der erste Spatenstich für ein zweites AMD-Werk (Advanced Micro Devices), ›Fab 36‹, getan, in dem von 2006 an 1000 Menschen arbeiten sollen.

SPECIAL

Silicon Saxony

22 000 Menschen sind in Dresden und Umgebung schon in der Halbleiterindustrie tätig. Die neue Fabrik macht den Dresdner Raum zu einem der führenden Mikroelektronikzentren der Welt mit 1100 Betrieben. Hier soll nun die neue Prozessoren- und Speichergeneration auf der Basis von 64 statt bisher 32 Bit Verarbeitungsbreite gefertigt werden. Man arbeitet dabei im Nanometerbereich mit praktisch atomaren Größen oder doch besser Winzigkeiten. Das AMTC (Advanced Mask Technology Center) liefert den Schlüssel für die künftige Chipgeneration als ›Maskenhaus‹. Vermummte Menschen versehen in so genannten Reinräumen hochwertiges Quarzglas mit Hilfe von Licht und Elektronenstrahlen mit winzigsten Mustern, die eine Fülle von Informationen für Chips enthalten, Hunderte Millionen Elemente…

Kreative Einzelkämpferinnen

Designerin, Hutmacherin und Goldschmiedin wissen, dass ihre berufliche Zukunft nur von einer finanzkräftigeren Kundschaft befördert werden kann als der, die in der Äußeren Neustadt zu Hause ist und riskieren lieber die Miete in Königstraße und Obergraben. Noch ist die feine Ecke die Einzige, in der Besucher mit Recht nach Ausgefallenem suchen können. Oft sind jedoch die künstlerischen Ansprüche der jungen Kreativen noch größer als der Mut der Dresdnerinnen.

Militär-historisches Museum
Landesverm.-Amt Sachsen
Grundbuchamt
Stauffenberg-allee
Olbricht-pl.
St. Franziskus-Xaverius-Kirche (Garnisionkirche)
Goethe-institut
Alaun-pl.
LEIPZIGER
Radrennbahn
Königsbr. Platz
Pauli (Ruine)
Buchen-str.
Hansa-str.
Pestalozzi-platz
Gärtn.
170
Fritz-Reuter-Str.
Großenhainer Str.
Großenhainer Platz
Petrikirche
Konkordien-platz
Bürger-str.
Leipziger Str.
Hafen
Moritzburger Str.
Paul-Gruner-Stad.
Alexander-Puschkin-Platz
Erfurter
Conrad-str.
Bischofsplatz
Bischofsweg
Neust. Friedhof
1 Eschenstr.
2 Schwepnitzer S.
3 Scheunenhof-str.
VORSTADT
Güterbahnhof Dr.-Neustadt
Sächsische Weinstraße
DD-Neustadt
P+R
457
328 326 458
Hafen
Ostra-Sportpark
Eissport-halle
Eisschnell-laufbahn
Heinz-Steyer-Stad.
Kunst-Stad.
Magdeburger Str.
Caritas-verband
Marienbrücke
Anton-Str.
Schlesischer Platz
Antonstr.
Königsbrücker Str.
Louisen-str.
Kultur-zentr.
Katharinen-str.
Böhmische Str.
Görlitzer Str.
Rothenburger Str.
ÄUSSERE NEUSTADT
NEUSTADT
Schule
Gymn.
Luther-Platz
Martin-Luther-Kirche
A. jüd. Friedhof
Diakon. krank.-haus
Holzhof-gasse
Bautzner Str.
Albertplatz
Theresien-str.
Glacis-str.
Hoyerswerdaer Str.
BSZ für Wirtschaft
Melanchthon-Gymn.
Carus-str.
Rosen-garten
Elbe
Sächsische Dampfschiffahrt
Sächsische Weinstraße
Käthe-Kollwitz-ufer
Albertbrücke
Sachsenplatz
Justiz-minist.
Staatsarchiv
R.-Luxemburg-Pl.
Dreikönigskirche
Societaetsth.
Mus. f. Vorgesch. u. Völkerk. Jap. Palais
Palais-pl.
Gr. Meißner Str.
Hauptstr.
Neustädter Markt
Köpcke-Str.
Carola-pl.
Carolabrücke
Wigard-str.
Königsufer
Ministerien
Staatsregierung
Bellevue-garten
Hotel
170
E55
1 Wallgäßchen
2 Obergraben
1 Bernh.-v.-Lindenau-Pl.
Brett'l Theaterkahn
Augustusbrücke
1 Taschenberg
2 Brühlsche Gasse
3 Terrassengasse
4 Münzgasse
5 Friesengasse
6 Salzgasse
7 Kanzleigäßchen
8 Töpferstr.
9 Jüdenhof
10 Kl.-Kirchgasse
Sächs. Dampfschiffahrt
Terrassenufer
DD-Mitte
Weißeritz-str.
Ostra-Allee
Devrient-str.
Kleine Packhof-str.
Sächs. Landtag
Semperoper
Zwinger
Zwingerteich
Theaterplatz
Schlossplatz
Kathedrale
Schloss
Brühlsche Terr.
Frauenkirche
Neumarkt
Albertinum
Hasenberg
Akadem.
Rathenplatz
Pillnitzer Str.
Grund-Schule
Ziegel-str.
PIRNAISCHE VORST.
Arztehs. Zentr. Notdienst
St.-Benno-Gymn.
Güntz-platz
Gerok-str.
Hfsch. f. Bild. Künste
Techn. Hsch.
Universität
Dürer-str.
Holbein-str.
Bönisch-platz
Florian-Geyer-Str.
Wettiner Platz
Hsch. f. Musik
Schweriner Str.
WILSDRUFFER VORSTADT
Könneritzstr.
Ammonstr.
Freiberger Str.
Freiberger Platz
Gymn.
Stadt-Komödie
World-Trade-C.
Annenkirche
Rosenstr.
Kabarett
Güterbahnhofstr.
Sternplatz
Postplatz
Wilsdruffer Str.
Altmarkt
Kreuzkirche
Rathaus
Rathausplatz
Landhausstr.
Pirnaischer Platz
Dippoldiswalder Platz
Dr.-Külz-Ring
Waisenhausstr.
Ferdinandplatz
Grunaer Str.
Straßburger Pl.
Stübel-allee
VW-Werk
Die Gläserne Manufaktur
Bot. Garten
1 Stephanienpl.
Canaletto-str.
Comenius-str.
JOHANNSTADT
ALTSTADT
Deutsch. Hygiene-mus.
Lingner-platz
Blüherpark
Georg-Arnold-Bad
Rudolf-Harbig-Stadion
Gellertstr.
Lennéstr.
Herkulesallee
11 Schreiber-G.
E55
170
Bürgerwiese
Petersburger Str.
Prager Str.
Wiener Platz
Rundkino
Kristallpalast
Hotel
Reitbahnstr.
Budapester Str.
Deutsche Bahn AG Direktion
Große Plauensche Str.
Josephinenstr.
Bayrische Str.
DD-Hauptbahnhof
Bürgerwiese
Parkstr.
Blüherstr.
38
54
54
Maßstab 1:15.000
0
200 m
Puppentheat. "Sonnenhäusel"

Infos

Antiquitätengeschäft ›Am Goldenen Reiter‹

Innere Neustadt

Die Innere Neustadt war von 1403 an das rechtselbische Altendresden. Schon vor der Stadtgründung, am Ende des 12. Jahrhunderts, ist hier eine Siedlung nachgewiesen, die erst im 16. Jh. mit der heutigen Altstadt verbunden wurde. Aus der Renaissance stammt noch der Jägerhof. Nachdem Altendresden 1685 abgebrannt war, ist die Neue Königsstadt als einheitliche geplante Barockanlage nach einem Entwurf von Wolff Caspar von Klengel hauptsächlich in der Regierungszeit Augusts des Starken nach und nach aufgebaut worden. Um Königsstraße und Rähnitzgasse kann man heute das alte Dresden aus der Zeit vor 1945 wieder erkennen.

Neustädter Markt ❶: Mit dem Blockhaus am rechtselbischen Ende der Augustusbrücke beginnt die historische Innere Neustadt. Das barocke Gebäude, im Krieg zerstört, ist 1975 bis 1982 wieder aufgebaut worden. Das Original war nach den Plänen von Zacharias Longuelune 1732–1755 als Neustädter Wache entstanden und diente nach einem Umbau 1890 als Kriegsministerium. Am Neustädter Markt gegenüber steht das Denkmal für den sächsischen Kurfürsten und polnischen König Friedrich August I. (als Kurfürst Friedrich II.), der **›Goldene Reiter‹** in römischem Gewand. Der Neustädter Markt war früher das Zentrum von Altendresden.

Im Jägerhof ist seit 1913 das **Museum für Sächsische Volkskunst** (s. Infoseiten 55/56) untergebracht.

Hauptstraße ❷: Die Hauptstraße, die von hier aus als Platanenallee nach Norden führt, ist neu bebaut, nur noch wenige Barockhäuser – auf der westlichen Seite – fallen ins Auge. Im 18. Jh. war sie die glanzvollste Straße der Stadt und eine beliebte Flaniermeile. Hauptstraße 13 ist das berühmteste Haus, das Kügelgenhaus von 1750, in dessen zweitem Stockwerk die Familie des 1880 ermordeten romantischen Malers Gerhard von Kügelgen, lebte. Dort, wo sich romantische Maler und Dichter trafen, ist jetzt das **Museum zur Dresdner Frühromantik** (s. Infoseiten 56/57) eingerichtet – Atelier und Wohnung des Malers sind mit Bildern und Möbeln nachgestellt. Um 1750 ist das Haus Nr. 19 entstanden, in dessen Gartenhaus von 1779 bis 1832 das erste bürgerliche Vereinstheater Deutschlands mit Laienspielern auftrat. Im Februar 1999 ist das **Societätstheater** (s. Infoseiten 56/57) nach Sanierung des Hauses als städtische Kammerbühne wieder eröffnet worden. Dank seines Barockgärtchens und dem Café L'Art de Vie ist es nicht nur eine kulturelle Attraktion. In den Höfen der Barockpalais zwischen Kügelgenhaus und Dreikönigskirche findet man reizvolle Antiquitätengeschäfte; ein Abstecher lohnt sich auch links in den Obergraben mit den Kunsthandwerkerpassagen.

Dreikönigskirche ❻: Nach dem Brand von 1685 hatte die Gemeinde ihre Kirche 1688 wieder aufgebaut, aber August der Starke ließ sie abreißen, weil sie mitten auf seiner prächtigen Hauptstraße stand. Daniel Pöppelmann und George Bähr, der 1689 in der Kirche getraut worden war, sorgten für den Wiederaufbau am Straßenrand (1732 bis 1739), mussten dabei jedoch Turm und Altarraum entgegen den gültigen Kirchenbauvorstellungen auf der der Hauptstraße abgewandten Seite errichten. 1945 standen nur noch Umfassungsmauern und Turm, erst um 1980 begann die Rekonstruktion. Der barocke Zierrat ist, bis auf die Engel, verloren. Der ›Totentanz‹ unter der Orgelempore, ein Sandsteinrelief aus dem 16. Jh. vom Georgentor des Schlosses, war 1732 auf dem Inneren Neustädter Friedhof aufgestellt und kam erst in den 1980er-Jahren in die Kirche. Im Innern entstand ein fünfstöckiges Haus für Gemeinde und Verwaltung, und auch der sächsische Landtag hat hier nach 1990 getagt. Vom Turm hat man einen ausgezeichneten Blick.

Markthalle: Der barocken Dreikönigskirche gegenüber steht auf der östlichen Straßenseite die Markthalle aus der Gründerzeit (1899) mit Gewölben, schmiedeeisernen Geländern und verzierten Eisentreppen. Es duftet nach warmem Brot, hier sind Zwiebeln gestapelt, dort Äpfel, Kohlköpfe warten auf die Köche der Stadt, es gibt ungarische, russische und orientalische Spezialitäten und einen Wein- und Käsekeller. Im Erdgeschoss liegt das Café ›Schwarzmarkt‹ und im ersten Obergeschoss das **Automobilmuseum**, das Fahrzeuge vom

TIPP

Tafelfreuden

Unter Kreuzgewölbe genießen Gäste tschechische Lebensart in den Wenzel-Prager Bierstuben (Königstr. 1). Den berühmten Canaletto-Blick auf Frauenkirche und Semperoper gibt es sonntags von 12.00–15.00 Uhr beim Champagner-Buffet im Restaurant Canaletto (Hotel The Westin Bellevue Dresden, Große Meißner Str. 15). ›Suchi & More‹ gibt es auch beim Sonntagsbrunch und beim Mittwochabend-Buffet im Cuchi Restaurant (Wallgässchen 5), das New California (Wallgässchen 4) lockt täglich mit 150 Cocktails. Der Prinzenkeller im Schloss Albrechtsberg (Bautzner Str. 130) ist nachmittags Café und von Mittwoch bis Sonntag ab 17.00 Uhr französisches Restaurant. Als einer der besten Inder der Stadt gilt das Maharadscha (Kamenzer Str. 62) mit sehr viel Vegetarischem auf der Speisekarte. Wunderbare Tapas und Wein gibt es gleich an zwei Orten in der Neustadt: in der Kunsthofpassage im El Perro Borracho (Alaunstr. 70) und auf der Königstraße (Nr. 3) im Tapas, Tapas. Weitere Restaurants in der Neustadt s. Serviceseiten 110/111.

TIPP

Tausend Töpfe

Am ersten Septemberwochenende versammeln sich etwa 50 Töpfer aus dem deutschsprachigen Raum, genauer gesagt von Litauen bis Holland, am Goldenen Reiter zum Töpfermarkt. Eine Mischung aller Techniken und Stilrichtungen ist vertreten, der Schwerpunkt liegt auf moderner Keramik.

Die Städtische Galerie für Gegenwartskunst erfrischt mit zeitgenössischer Kunst und Installationen

TIPP

Frische Ware

Beim Bauernmarkt an der Dreikönigskirche werden jeden Samstagvormittag rund um den Rebekkabrunnen Produkte aus der Region angeboten.

Horch bis zum Trabant ausstellt (Öffnungszeiten: Mo.–Fr. 10.00–17.00 Uhr).

Albertplatz 10 : Am Albertplatz stand einst vor dem Schwarzen Tor der ›sehr kostbare und anständige Galgen‹. Heute bilden die Brunnen ›Stille Wasser‹ und ›Stürmische Wogen‹ (Robert Diez, 1894) den Mittelpunkt des früher schönen Platzes von 1817, heute verkehrsumtoster Knotenpunkt, in den zehn Straßen einmünden. An der Ecke Hauptstraße steht das Schillerdenkmal von Selma Werner (1913). Die neobarocke Eschebachsche Villa an der Ecke Georgenstraße (heute eine Bank) ist 1901 für den damals berühmten Küchenmöbelfabrikanten entstanden. Er war um die Jahrhundertwende auch einer der weltgrößten Hersteller von Kühlschränken. Das elfstöckige Haus an der Nordwestseite des Hauses wurde 1929 als erstes Dresdner Hochhaus in Stahlbetonskelettbauweise errichtet.

TIPP

Trinken erlaubt

Aus einer Tiefe von 243,5 m sprudelt seit dem 21.10.1836 klares Wasser aus einem Niederschlagsgebiet jenseits der Elbeniederung aus dem Artesischen Brunnen am Albertplatz, Ecke Königsbrücker Straße. Hans Erlwein baute ihm 1906 ein Tempelchen, ein zierliches Brunnenhäuschen auf acht Säulen.

Königstraße 7: Die Königstraße, zu DDR-Zeiten Friedrich-Engels-Straße, wurde von 1724 an, 340 m lang und 30 m breit, angelegt, um den Eindruck des **Japanischen Palais** 5 an ihrem Ende zu steigern. Bis 1715 hieß es noch Holländisches Palais, weil es einen holländischen Diplomaten beherbergte; 1717 hatte es August der Starke für seine Porzellansammlung gekauft und von Matthäus Daniel Pöppelmann, Jean de Bodt und Zacharias Longuelune umbauen lassen. Über dem Portikus erinnert ein Relief, Saxonia, der Europa und Asien Gefäße reichen, noch an den Traum vom Porzellanschloss. Die Dachkonstruktion gab dem Gebäude den neuen Namen. Heulager war es schon, Skulpturenkabinett und Landesbibliothek – heute sind darin das Staatliche Museum für Völkerkunde, das Landesmuseum für Vorgeschichte und das Museum für Tierkunde (s. Infoseiten 56/57). Im Palaisgarten zieren Gerechtigkeit, Milde, Weisheit und Frömmigkeit auf dem Sockel von Semper das Denkmal, das Ernst Rietschel 1843 für Friedrich August I. (1763–1824) schuf. Vom Garten hat man einen wunderschönen Blick auf die Altstadt-Silhouette, den so genannten ›Canaletto‹-Blick wie dieser ihn als nun klassisch gewordene Ansicht auf die Leinwand bannte. Am Palaisplatz, der schon Kaiser-Wilhelm- und Karl-Marx-Platz hieß, stehen in ihrer klassizistischen Form wieder aufgebaut die Torhäuschen von Gottlieb Friedrich Thormeyer (1827–1829). Sanierungen der vergangenen Jahre machten die Königsstraße nicht nur zur schönsten Barockmeile. Mit Rähnitzgasse und Obergraben, mit schönen Innenhöfen, Boutiquen, Restaurants und Galerien, ist sie längst zur elegantesten Flaniermeile der Stadt geworden. Auch in der Prisco-Passage im Wallgässchen reihen sich exklusive Läden aneinander. In der Rähnitzgasse 8 befindet sich das **Kunsthaus Dresden** 9, die Städtische Galerie für Gegenwartskunst (s. Infoseiten 56/57).

Der barocke Altar der Dreikönigskirche ist einer der größten Altäre in Stein

SPECIAL

Starcks Design

Bodenständiger, wiewohl zukunftsorientiert, präsentiert sich neues Bauen auf dem Lukas-Areal an Reichenbergstraße und Beutlerpark. Der Traum vom eigenen Haus im Grünen für überzeugte Städter sollte hier verwirklicht, mit anspruchsvoller Architektur in der Innenstadt der Zersiedelung der Stadtränder begegnet werden. Berliner Architekten und Züricher Landschaftsarchitekten schufen mit verschiebbaren Holzjalousien, Dachgärten und Terrassen auf der großen Innenstadtbrache einen Wallfahrtsort für ihre Kollegen aus anderen Bundesländern und ließen ›eins der zehn besten innerstädtischen Wohnungsprojekte Deutschlands‹ loben. Die Musterwohnung, vom französischen Stardesigner Philippe Starck edel ausgestattet, erschütterte im Oktober 2003 dann doch manch hoffnungsfrohen Städter. Wären die als Eigentum zu erwerbenden Wohnungen und Häuser vielleicht gerade noch bezahlbar gewesen, so alterte hier in Gedanken manches eigene Mobiliar in Minutenschnelle zu Schrott.

Äußere Neustadt

Als Antonstadt ist das Gründerzeitviertel mit Arbeiterwohnungen am Rand der Dresdner Heide errichtet worden. Im Stadtplan von 1833 sieht man von der Königsbrücker Straße bis zur Prießnitz noch einen Exerzierplatz. 1867–1870 war nördlich des Alaunplatzes die Schützenkaserne ›Albertstadt‹ entstanden, die 1945 zerstört wurde. Das Viertel war dem Verfall preisgegeben und wurde von jungen Leuten auf vielfältig alternative Art genutzt. Seine Instandsetzung begann erst nach der Wiedervereinigung. Hier, wo sich angesagte Cafés, Tante-Emma-Läden und Trendläden aneinander reihen, ist die Dresdner Szene zu Hause.

TIPP

Bunte Republik Neustadt

Früher Synonym für die Äußere Neustadt, heute ein Fest, das regelmäßig im Juni das ganze Viertel drei Tage lang zum Tanzen bringt.

Königsbrücker Straße: Im 19. Jahrhundert angelegt, zwei- bis viergeschossig und frühklassizistisch, verfiel das Viertel, war schon zum Abriss bestimmt, als die Nachwendezeit es mit besetzten Häusern und schnellem Sanierungsprogramm zum Szeneviertel machte. Hauptstraße des Viertels ist die Königsbrücker Straße, Szenenmagistrale jedoch die Alaunstraße. In der Königsbrücker Straße wurde 1899 Erich Kästner geboren (Gedenktafel an Nr. 66). Der Radebeuler Künstler Wolf-Eike Kuntsche schuf ihm ein Denkmal mit Büchern, Hut und Kaffeetasse.

Alaunstraße: Auf der ›Hauptschlagader‹ des Viertels reihen sich Kneipen, Läden, Werkstätten und Szenetreffs aneinander. Die **›Scheune‹** 4 (Nr. 36–40) war schon zu DDR-Zeiten das kulturelle Herz der Neustadt und ist auch heute noch Treffpunkt, zum Essen beim Inder, zum Tee- und Kaffee trinken, zum Musikhören, zu Partys und Konzerten. An der Ecke Görlitzer Straße ist die **Kunsthofpassage** 3 mit Läden, Werkstätten, Cafés und Biergarten aufs Schönste saniert mit ihrer Verbindung von alter Hinterhof-Architektur mit moderner Gestaltung.

Bautzner Straße: An der Bautzner lockt **Pfund's Molkerei** 8 (Nr. 79), die Butter, Milch und Käse verkauft. Das Café im ersten Stock bietet sich zur Erholung an. Der ›schönste Milchladen der Welt‹ ist längst kein Geheimtipp mehr. Den Bilderbuchladen hat die Keramikfirma Villeroy und Boch 1892 mit schönsten Jugendstilfliesen ausgestattet. Aber schon vorher war Pfunds Milchladen eine Sensation: Paul Pfund, Ende des 19. Jh.s Besitzer der größten Molkerei Sachsens, hatte sechs seiner Kühe ins Schaufenster gestellt und ließ seine Kunden wählen, von welcher sie Milch haben wollten. Und außerdem stellte seine Firma die erste Kondensmilch in Deutschland her.

Es gab Zeiten da war die Bautzner Straße eher berüchtigt als berühmt. Nachdem sich nach 1945 die Stadtkommandatur der Sowjetarmee einrichtete, war zu DDR-Zeiten

Straßendisco in der Bunten Republik Neustadt

hier der Sitz der Bezirksverwaltung des Ministeriums für Staatssicherheit mit 2500 Hauptamtlichen, die Informationen von 1800 Inoffiziellen Mitarbeitern verarbeiteten. Eine Mauer begrenzte das Areal; auf dem Gelände befand sich auch die Haftanstalt der Staatssicherheit; kurz vor der Wende waren hier vor allem Leute inhaftiert, die unbedingt in den Westen ziehen wollten oder die beim illegalen Grenzübertritt erwischt worden waren.

Das **Dokumentationszentrum zur Geschichte der Staatssicherheit des Freistaates Sachsen** befindet sich auf dem Gelände in der Bautzner Str. 114 (Öffnungszeiten Dauerausstellung: Mo.–Do. 8.00–17.00, Fr. 8.00 bis 14.00 Uhr); Führungen durch die ehemalige Untersuchungshaftanstalt des Ministeriums für Staatssicherheit werden angeboten (Di., Fr. 8.00–16.00 Uhr, Informationen: Tel. 0351/4695540).

Pulsnitzer Straße: Sie führt zur Martin-Luther-Kirche (1883–1887) und zum **Alten Jüdischen Friedhof**, dem ersten jüdischen Friedhof Dresdens, von 1751 bis 1869 in Betrieb. Ein Eisentor versperrte zu DDR-Zeiten den Blick auf das Gelände, und da der Friedhof auch nicht auf Stadtplänen eingezeichnet war, geriet er in Vergessenheit. Ein von der Partnerstadt Hamburg spendiertes Gittertor erlaubt wieder einen Einblick. Den Schlüssel zur Besichtigung gibt es beim Zentrum für Jüdische Kultur HATIKVA, Pulsnitzer Str. 10 (Tel. 0351/8020489, Mo.–Do. 9.00–12.00, 13.00–16.00 Uhr). Die Prießnitzstr. 7 hat eine witzige im Jugendstil (1901) entstandene ›schwangere Haustür‹.

TIPP

Leckeres Essen, Milchkaffee in allen Variationen und Cocktails schmecken im Blumenau

Kneipen & Clubs

Kneipen:

Aqua Lounge, Louisenstr. 56. Wechselnde DJs am Wochenende.

Blue Note, Görlitzer Str. 2b. Jazz und Bier vom Fass.

Blumenau, Louisenstr. 67. Trendy mit tollen Milchkaffeekreationen.

El Cubanito, Sebnitzer/Ecke Görlitzer Str. Regelmäßig Latin Music, ganz lecker ist der Fruit Margarita.

Havanna Club, Bautzner Str. 77. Cocktails und kubanisches Bier.

Jim Beam's Bar, Alaunstr. 57. Fußball live und Treffpunkt der Amerikaner.

Red Rooster, Rähnitzgasse 10. Irisch-englischer Pub.

Clubs:

Arteum, Am Brauhaus 3 (Waldschlösschenareal). Exklusives Ambiente.

Ballhaus Watzke, Kötzschenbrodaer Str. 1 (Pieschen). Fantastischer Ballsaal und Terrasse mit Canaletto-Blick.

Dance-Factory, Bautzner Str. 118. Große Disco auf vier Floors.

Groove Station (Rock – manchmal live), **Lofthouse** (Kulthits) und **Downtown** (Querbeet), Katharinenstr. 11.

Katys Garage, Alaun-/Ecke Louisenstr. Für jedes Alter Rock bis Soul.

Saloppe, Brockhausstr. 1 (Zugang über Bautzner Str.). Von Mai bis Oktober Open-Air-Partys mit Elbblick.

Blaue und andere Wunder

Wer Erholung sucht, hat es in Dresden nicht weit. Endlose Elbauen gibt es seit mehr als 200 Jahren, den Großen Garten seit mehr als 300 Jahren, und aus dörflicher Idylle an den Hängen der Weinberge sind Villenviertel gewachsen, für die Schiller schon schwärmte und die nichts von ihrem Zauber eingebüßt haben. Schloss Pillnitz ist immer wieder einen Ausflug wert, am besten mit dem Schiff oder per Fahrrad. Dazu müsste man jedoch einen der vielen Biergärten an der Elbe verlassen.

Der Englische Pavillon liegt idyllisch an einem Teich mit Inselchen im Pillnitzer Schlosspark.

▲ Vom Dampfer aus erlebt man die Elblandschaft

▼ Die Dresdner Heide lädt zum Spazieren ein

▲ Schwebebahn zur Loschwitzhöhe

▼ Kleines Glück: Ein Sommerabend auf den Elbwiesen

Man muss Zeit haben, am besten unendlich viel Zeit, einige Freunde und Getränke, ein Fahrrad und dann kann man sich an die Elbe begeben, zum Beispiel in Blasewitz, und hat schon alles, was sich zum Feriengefühl summiert oder drei blaue Wunder: einen sich träge schlängelnden Fluss, eine so genannte Brücke und – mit etwas Glück – genau solchen Himmel und die schönste Aussicht obendrein. Auf Schlösser und verwunschene Häuschen gegenüber in Loschwitz, auf fürstliche Villen und Gärten, Biergärten und Seilbahn und die Elbaue, in der der Elberadweg den Fluss begleitet.

Wasserstand 9,40 m

Wer der Elbe beim Fließen zuschaut, wird es unvorstellbar finden, dass dieser träge Fluss die ganze Stadt und das Umland acht Tage im August 2002 in Atem hielt und jahrelange Folgen produzierte. Angefangen hatte die Weißeritz, die am 13. August nach starken Regenfällen in Dresden und Erzgebirge über ihre Ufer schoss, die Friedrichstadt überschwemmte und große Teile der Dresdner Innenstadt überflutete. 430 Kubikmeter Wasser rauschten jede Sekunde durch das Flussbett und schwappten dann in die Straßen. Menschen mussten evakuiert und Kunstschätze geborgen werden. In der Nacht zum 17. verzeichnete man den höchsten Wasserstand aller Zeiten: 9,40 m. Als der Elbpegel am 18. zu sinken begann, blieben Schlamm und Verwüstung zurück. Vom 20. an wurde an der Normalisierung des städtischen Lebens gearbeitet, und ein Jahr später zeigten Häuser und Gärten, Straßen und Schienen immer noch Spuren des Hochwassers.

Mühlen und Hütten

Ein Haus in Loschwitz, das so malerisch mit seinen schmalen gewundenen Straßen und Häusern den Elbhang hinaufklettert, verbürgte vor 200 Jahren schon illustren Besuch. Hätte der Konsistorialrat Christian Gottfried Körner, Vater des Dichters Theodor Körner, in seinem Weinberghaus ein Gästebuch geführt, man fände Schiller verzeichnet wie Mozart und Goethe. Das Haus, heute Körnerweg 6, wurde zum Mittelpunkt Dresdner Geisteslebens. Doch

▲ Villa Marie: toskanische Küche am Blauen Wunder

▲ Pillnitzer Weinbergkirche

▲ Kunsthandwerksläden in der Friedrich-Wieck-Straße

▼ Drachenbootrennen beim Elbhangfest

▼ Der Umzug während des Elbhangfestes ist beliebt und immer gut besucht

▼ Was gibt es Schöneres im Herbst, als bei einer Weinlese dabei zu sein

der Reiz des Ortes war damals ein anderer. Der Maler Caspar David Friedrich schrieb hier am 5. August 1803 in sein Tagebuch: ›Täglich fühle ich das Glück des Landlebens mehr.‹ Tatsächlich bestand die Künstleridylle aus Stille zwischen Weinbergen, Mühlen und malerischen Hütten.

Gute Lage

Ganz oben auf den Höhen der Elbhänge, die in die Dresdner Heide übergehen, liegt der Stadtteil Weißer Hirsch, der es mit ›Dr. Lahmanns physiatrischem Sanatorium‹ Ende des 19. Jh.s sogar zum anerkannten Bad gebracht hatte und Nobelviertel geblieben ist.

Die Idylle ist uralt. Und nicht nur, weil der Blick auf Loschwitz schöner ist als der auf Blasewitz, ließ sich Friedrich Schiller 1785 schon gern in der Sommerschänke am Blasewitzer Ufer nieder. Auf die Serviertochter Johanne Justine Segedin soll der Dichter ein Auge geworfen haben, die sich über seinen schwäbischen Dialekt mokierte. Da machte er sie zur Marketenderin in ›Wallsteins Lager‹ (›Was? Der Blitz! Das ist ja die Gustel aus Blasewitz!‹) und revanchierte sich für das Geplänkel: Da hat sich der Teilhaber gerade samt Kasse aus dem Staub gemacht und die Gustel mit dem Sohn sitzen lassen. Schiller kam mit der Fähre herüber. Erst seit 1893 gibt es die Loschwitzer Brücke, einen Koloss mit einer Spannweite von 141,5 Metern, als Hängebrücke seinerzeit schon ein technisches

SPECIAL

Belastungsprobe

Auf einem Foto von 1893 ist festgehalten, wie die Tragfähigkeit der neuen Brücke erprobt wurde, bevor sie freigegeben wurde: Da wurden drei Dampfwalzen, sechs vierspännige Pferdewalzen, drei mit Steinen voll beladene Strassenbahnloren, ein voll besetzter Straßenbahnwagen, vier gefüllte Wassersprengwagen, drei Kutschen, fünf Pferde, ein beladener Materialwagen, eine marschierende Kompanie des Dresdner Jägerbataillons und 150 freiwillige Personen zugleich auf den Mittelteil der Brücke geschickt. Die senkte und streckte sich um 1,5 bis zwei Zentimeter – das Bauwerk war gelungen.

▲ Anmutig: der Speisesaal des Bergpalais

▲ Schloss Pillnitz an der Elbe bezaubert mit leichter eleganter Heiterk

▲ Wohltuende Teezeremonie im Chinesischen Pavillon

▼ Die Schlossanlage war Sommerresidenz der Wettiner

▼ *Fantasieleistung: Chinesische Motive der Fassadenmalereien*

Meisterwerk. Ein Wunderwerk der Technik und wegen des blauen Schutzanstrichs der Stahlgitterkonstruktion erhielt die Brücke den doppelsinnig zu verstehenden Namen Blaues Wunder.

Steingewordene Musik

Schloss Pillnitz mit damals modischen Chinoiserien, das August der Starke seiner Geliebten Cosel schenkte – und wieder zurücknahm, als die Liebe verbraucht war – ist bedichtet worden und als steingewordene Musik gefeiert, es stellt sich immer wieder in höfischem Glanz dar. Ein bisschen davon fällt auch auf die Teilnehmer der Teezeremonien. Der Thronsessel August des Starken steht im Schloss, von Pilastern gerahmt, auf dem Podest, und die Inszenierung lässt seine Nachfolger auf rotem Teppich warten. Im Roten Saal glänzen Silbertische. Auf den Wandpaneelen wird ein Drachenbootfest gefeiert.

Die Harmonie von Architektur und Landschaft und die Anmut der Fassadenmalereien kommen besonders an der Elbseite des Wasserpalais zum Ausdruck. Dort führt eine von Sphingen eingefasste Treppe zur Elbe hinab, wo die kurfürstlichen Gondeln anlegten. Die im 19. Jh. gefertigte Nachbildung einer solchen Gondel – die Rote Tritonengondel – ist in einem der Heckenquartiere im Schlosspark aufgestellt.

Blumenwunder

Von 1778 an wurde der Park unter August III. nach den Vorbildern englischer Landschaftsgärten erweitert und der Englische Pavillon gebaut. Im Englischen Garten steht eine Berühmtheit: Die Pillnitzer Kamelie ist mehr als 200 Jahre alt, 8,60 Meter hoch, hat einen Durchmesser von 11 Metern und ihr Umfang misst 33,6 Meter. 1801 hat der Hofgärtner Terscheck sie dort hingepflanzt, wo sie heute noch steht. Der Zeit des Winterschutzes aus Stroh und Bastmatten ist sie längst entwachsen, man hat ihr im 19. Jh. schon ein beheizbares Haus gebaut, in dem sie von Mitte Oktober bis Mitte Mai geschützt wächst – und von Februar bis April blüht. Neugierige Nasen schnuppern vergeblich, die roten glockenförmigen Blüten duften nicht. Aber das gleicht sie mit unglaublicher Pracht aus, bis zu 35 000 Blüten wurden gezählt.

▼ Das Puppentheater Sonnenhäusl lässt die Puppen tanzen ▲ Das Palais im Großen Garten ist der früheste Barockbau Sachsens

▲ Einen Reigen für Mozart: Denkmal auf der Bürgerwiese

▼ Spaß macht eine Fahrt mit der Parkeisenbahn

▲ Keine Angst vor großen Tieren im Zoo

Um den Carolasee spaziert...

An sich haben Erholungsuchende in Dresden keine langen Wege. Wer sich von der Stadtbesichtigung erholen will, findet Entspannung und Abwechslung für große und kleine Menschen auch schon im Großen Garten, quasi einem Park mit Bahnanschluss. 5,6 km tuckert die Parkeisenbahn durch das Areal, das der Vater Augusts des Starken, Kurfürst Johann Georg III., 1676 auf den Feldern vor der Stadt mit einem einfachen Jagdhaus bebauen ließ. Dass es zum Palais geraten ist und dann sogar zum ersten Barockschloss Sachsens, lag an den Gepflogenheiten der Zeit. In einem der Kavaliershäuschen am Palais hätte Erich Kästner gern gewohnt, wie er schrieb, hätte ›im Palaiscafé gefrühstückt und die Schwäne gefüttert‹, wäre um den Carolasee spaziert oder in den Zoo gegangen, der im Südwestteil des Großen Gartens liegt und 1861 gegründet worden ist. Beides ist heute noch möglich.

Tierische Schulstunde

Dresdens Kinder sind nicht bange vor großen Tieren. Exkursionen ins Tierreich standen bei ihnen seit 1970 auf dem Stundenplan. Das tun sie nun nicht mehr, beliebt sind die Expeditionen in den Zoo immer noch. Ob französische Pelikane oder spanische Rippenmolche, die Knirpse nehmen im Zoo sächsisch Kontakt auf und es funktioniert. Zooschule heißt der Unterricht mit Anfassen, oft genug auch nur mit Beobachten, man weiß ja nie ... Die Erkenntnisse des Ausflugs in den Tiergarten werden notiert und später mit dem Zooschullehrer ausgewertet. Vorbild war die erste Zooschule der Welt, die 1947 in New York gegründet worden war. Umwelt- und Artenschutz stehen genau so auf dem Plan wie Tierkunde. Und wann kann man sich schon mal eine Schlange über die Schulter legen? Längst kommen auch Umwelt- und Seniorengruppen, und mit Materialien in Blindenschrift kann den Zoo auch erleben, wer nicht alles so gut sieht. Attraktionen des Zoos sind Elefanten- und Afrikahaus. Putzig sehen die Nyala-Neulinge aus, ein bisschen wie Rehe, die einer mit weißer Farbe gestreift hat. Papa stellt sich mit Korkenziehern am Kopf in Positur – die afrikanischen Antilopen können beeindrucken.

Ottendorf-Okrilla
MEISSEN
Niederau
Sächsische Weinstraße
Weinböhla
Moritzburg
Friedewald
Medingen
Hermsdorf
Grünberg
Seifersdorf
Wach
Schönborn
Weixdorf
Langebrück
Liegau-Augustusbad
Zaschendorf
Oberspaar
Neusörnewitz
Sörnewitz
Brockwitz
COSWIG
Reichenberg
Boxdorf
Wilschdorf
Dresden-Flughafen
Deutsche Alleenstraße
Bärnsdorf
Volkersdorf
Marsdorf
Berbisdorf
Pfaffenberg
Gohlis
Oberau
Gröbern
Ockrilla
Bohnitzsch
Bockwen
Batzdorf
Reppina
Scharfenberg
Pegenau
Kötitz
Lindenau
Niederlößnitz
Wahnsdorf
Schloss Hoflößnitz
Karl-May-Museum
Rähnitz
Hellerau
Klotzsche
Prießnitzwasserfall
RADEBERG
Dresdener Heide
Reichenbach
Naustadt
Gauernitz
Pinkowitz
Constappel
Wildberg
Elbe
RADEBEUL
Gohlis
Kaditz
Trachau
Trachenberge
Pieschen
Ullersdorf
Großerkmannsdorf
DRESDEN
Neustadt
Weisser Hirsch
Bühlau
Weissig
Röhrsdorf
Niederwartha
Weistropp
Hartha
Kleinschönberg
Klipphausen
Lampersdorf
Oberwartha
Lehmannmühle
Cossebaude
Mobschatz
Brabschütz
Rennersdorf
Dresden-Altstadt
Mickten
Messe
Eissporthalle
Sora
Lotzen
Sachsdorf
Wilsdruff
Hühndorf
Dresdner Tor
Unkersdorf
Kaufbach
Podemus
Merbitz
Zschoner Mühle
Briesnitz
Ockerwitz
Roitzsch
Pennrich
Gompitz
Cotta
Elbamare
Semperoper
Hofkirche
Zwinger
Albertinum
Altstadt
Deutsches Hygiene-Museum
Blasewitz
Blaues Wunder
Loschwitz
Wachwitz
Gönnsdorf
Cunnersdorf
Schönfeld
Birkenhain
WILSDRUFF
Steinbach
Dresden-Gorbitz
Kesselsdorf
Gorbitz
Altfranken
Löbtau
Dölzschen
DD-Museum
R.-Harbig-Stadion
Großer Garten
Striesen
Tolkewitz
Pappritz
Malschendorf
Rockau
Grumbach
Wurgwitz
Niederhermsdorf
Pesterwitz
Silberstraße
Plauen
Christuskirche
Galopprennbahn
Laubegast
Hosterwitz
Borsberg
Schloss Pillnitz
Helbigsdorf
Braunsdorf
Herzogswalde
Galgenberg
Zauckerode
Oberhermsdorf
Kleinopitz
DD-Süd Vorstadt
Kaitz
Deutsche Alleenstr.
Prohlis
Leuben
Meußlitz
Söbrigen
Sächsische Weinstraße
Birkwitz
Pratzschwitz
Großopitz
Fördergersdorf
Weissig
Windberg
Windbergbahn-Mus.
Cunnersdorf
Kleinnaundorf
Bannewitz
DD-Prohlis
Nickern
Niedersedlitz
Großzschachwitz
Grosslugа
Mügeln
Pohrsdorf
Grund
Spechtshausen
Opitzhöhe
THARANDT
Neuwelschhufe
Rippien
Goppeln
Gaustritz
Kauscha
Golberode
Sobrigau
Lockwitz
Gommern
HEIDENAU
Triebisch
Herrndorf
Hartha
Waldhäuser
Tharandter Wald
FREITAL
Cossmannsdorf
Somsdorf
Siedlung
Waldfrieden
Obernaundorf
Wilmsdorf
RABENAU
Hänichen
Possendorf
Kautzsch
Bärenklause
Burgstädtel
Röhrsdorf
Borthen
Bosewitz
Gamig
DOHNA
Großsedlitz
Barockgarten
Grillenburg
Jagdschloss
Lübau
Spechtritz
Lerchenberg
Oelsa
Börnchen
Quohren
Theisewitz
Kleincarsdorf
Brösgen
Gombsen
Saida
Tronitz
Sürßen
Gorknitz
Falkenhain
Köttewitz
Schloss
Krebs
Wittgensdorf
Müglitztal
Weesenstein
Zuschendorf
Meusegast
Niederseidewitz
Crotta
Schmorsdorf
Kleindorfhain
Dorfhain
Mitteldorfhain
Borlas
Seifersdorf
Felsenmühle
Rote Weißeritz
Karsdorf
Kreischa
Quohrener Kipse
Lungkwitz
Maxen
Burkhardswalde
Bahnhof Klingenberg
Großdorfhain
Klingenberg
Höckendorf
Sandberg
Seifen
Talsperre Malter
Hermsdorf
Wilisch
Hirschbach
Teichmühle
Reinberg
Oberhäslich
Hausdorf
Mühlbach
Biensdorf
Nentmannsdorf
Friedrichswalde
Colmnitz
Obercunnersdorf
Ruppendorf
Paulsdorf
Malter
Talsperre Klingenberg
Steinberg
DIPPOLDISWALDE
Obercolmnitz
Beerwalde
Elend
Reinholdshain
Reinhardtsgrimma
Laurich
Niederschlottwitz
Großröhrsdorf
Oberschlottwitz
Herbergen
Borna
Reichstädt
Siedlung
Niederfrauendorf
Cunnersdorf
Seitenhain
Schloss Kuckuckstein
Liebstadt
Göppersdorf
Sohra
Pretzschendorf
Ulberndorf
Luchau
Deutsche Alleenstraße
Glashütte
Neudörfel
Berthelsdorf
Wingendorf
Oberbobritzsch
Obercarsdorf
Luchberg
Oberfrauendorf
Röthenbach
Trägers Höhe
Kohlkuppe
Rückenhain
Hartmannsbach
Deutsche Alleenstraße
Schmiedeberg
Dreifaltigkeitskirche
Dittersdorf
Döbra
Hennersbach
Friedersdorf
Röthenbacher Berg
Sadisdorf
Naundorf
Johnsbach
Dittersdorf
Dittersdöhe
Bärenhecke
Börner
Rkersdorf
Hartmannsdorf-
Hennersdorf
Niederpöbel
Dönschten
Falkenhain
Börnchen
Waltersdorf
Walddörfchen
Breitenau
Maßstab 1:150.000
0
2 km
Neubau
Talsperre Lehnmühle
Tellkoppe
Bärenstein
Talsperre Lichtenberg
Schloss
Burgruine
Frauenstein
-Reichenau
Ammelsdorf
Kipsdorf
Bärenburg
Waldidylle
Liebenau

Infos

Großer Garten 1

Die knapp zwei km^2 große Grünanlage, nur ein km südöstlich der Altstadt gelegen, ist vom Neuen Rathaus über die Bürgerwiese in einer Viertelstunde zu Fuß erreichbar. Im Kurfürstentum Sachsen wurde er 1684 als größter Garten angelegt. Der barocke Garten, der zunächst halb Nutz-, halb Lustgarten war, ist völlig eben und diagonal von Alleen durchzogen. August der Starke ließ von Johann Gottfried Karcher eine neue Gestaltung vornehmen mit einem inneren Rechteck als Lustgarten und einem äußeren Bereich mit Wald und Fasanengehegen. Haupt- und Herkulesallee waren seit dem 18. Jh. mit Skulpturen geschmückt, viele sind zerstört und verschwunden; mit 161 Skulpturen in den Anfängen diente der Große Garten auch zur Präsentation der augusteischen Sammlung. Das **Palais** in der Mitte des Gartens erbaute Johann Georg Starcke 1678–1683 auf H-förmigem Grundriss (zwei Ehrenhöfe) nach dem Vorbild französischer Schlösser, es gilt als Hauptwerk des sächsischen Hochbarock. Ausschließlich als Festbau konzipiert, ohne Küche und Heizung, wurde es nur im Sommer genutzt. Die Bauskulpturen aus der Erbauungszeit wurden kaum verändert, sie gehören zu den besten Leistungen der Bildhauerkunst des ausgehenden 17. Jh.s. Mit der **Dauerausstellung** ›Permoser im Palais‹ im Erdgeschoss des Palais wird eine Sammlung sächsischer Barockskulpturen präsentiert, darunter so prominente wie Balthasar Permosers ›Chronos‹ von 1705 (Öffnungszeiten: April–Okt. Mi. bis Sa. 14.00–18.00, So. 11.00 bis 18.00, Nov.–März Sa., So. 11.00–18.00 Uhr). Immer dienstags um 14.30 und 19.30 Uhr lädt die Konzertreihe ›Offenes Palais‹ ein. 1813 wurde der Park dem Volk zum ›allgemeinen Ergehen‹ geöffnet. Karl Friedrich Bouché schließlich gestaltete ihn bis zur 1. Internationalen Gartenbauausstellung in Dresden 1887 zum englischen Landschaftsgarten um mit Carolasee und Fontäne.

Parkeisenbahn: Die Parkeisenbahn rollt seit 1950 durch den Großen Garten. Die Parkeisenbahn ist nach dem Vorbild der sowjetischen Pioniereisenbahn (so hieß sie auch bis 1990) eingerichtet worden, von Kindern unter Aufsicht Erwachsener betrieben, nur die Lokführer waren immer Bahnangestellte. Mit 30 km/h geht es über 5,6 km zu Zoo, Carolasee, Karcherallee und Palaisteich (April–Okt. tgl. 13.30–17.00, Mai–Sept. 10.00–18.00, Fr. 13.00–18.00 Uhr).

Parktheater: 1719 als Heckentheater gebaut, lädt das Parktheater im Sommer zu Freilichtaufführungen am Palaisteich ein (Geschäftsstelle Großer Garten Tel. 0351/44556600).

Puppentheater Sonnenhäusl: Hier tanzen im Sommer die Puppen (Tel. 0351/4456870, Programminformation Tel. 0173/9243684).

Zoologischer Garten: Attraktionen sind das Elefanten- und Afrikahaus, die Tundra-Anlage mit Eisfuchs und Schneeeule, für Kinder auch Streichelzoo und Abenteuerspielplatz (Tiergartenstr. 1, Öffnungszeiten: Sommer 8.30–18.30 Uhr, Winter 8.30–16.30 Uhr, Führungen Tel. 0351/4212743).

Botanischer Garten: 9000 Pflanzenarten aus verschiedenen Klimazonen und geografischen Regionen, drei Schaugewächshäuser mit tropischen und subtropischen Pflanzen (Stübelallee 2, Öffnungszeiten: April–Sept. 8.00–18.00 Uhr, im Winter eingeschränkt).

Sea Life: Noch bis 2006 steht das Erlebnis-Aquarium auf der Cockerwiese zwischen Blüher- und Lennéstraße: Ein Unterwassertunnel führt unter kleinen Haien und Rochen hindurch (Öffnungszeiten: März–Sept. 10.00 bis 18.00, Okt.–Febr. 10.00–17.00 Uhr).

Gläserne Manufaktur: s. Infoseiten 40/41

Bürgerwiese: Sie liegt zwischen Rathaus und Großem Garten und ist mit Plastiken geschmückt. Als schönstes gilt das 1907 aufgestellte Mozartdenkmal von Hermann Hosaeus: Es zeigt nicht Mozart, sondern die drei um seinen Namen tanzenden weiblichen Gestalten Heiterkeit, Ernst und Anmut.

Im Römischen Bad von Schloss Albrechtsberg

Tatort Großer Garten: ›Die Zeit entführt die Schönheit‹

Elbschlösser 2 – 4

An den Elbhängen wurde bis Ende des 19. Jh. Wein angebaut, bis ein Reblausbefall dem ein Ende setzte. Die Hänge wurden parkartig gestaltet, mit Villen und den **Elbschlössern** bebaut.

Schloss Albrechtsberg 2: Prinz Albrecht von Preußen ließ dort, wo der Schotte Lord Jacob Findlater sich zu Beginn des 19. Jh. ein Landhaus hatte bauen lassen, dessen Vollendung er nicht mehr erlebte, vom preußischen Landbaumeister Adolph Lohse 1851–1854 Schloss Albrechtsberg errichten (Bautzner Str. 130, Führungen an ausgewählten Sonntagen 11.00–14.00 Uhr, Termine der Führungen, Kammerkonzerte, Märchenlesungen Tel. 0351/8115821). Vor dem Sandsteingebäude mit quadratischen Seitentürmen führen Treppen ins Römische Bad vor 16 korinthischen Säulen. Der schönste Raum, das Türkische Bad, ist schon lange den Märchenerzählern vorbehalten. Auch Festsaal und Salons dienen heute Kulturveranstaltungen wie Kammerkonzerten.

Lingner-Schloss 3: Für den Baron von Stockhausen, Kammerherr des Prinzen, baute derselbe Architekt zur gleichen Zeit nebenan die spätklassizistische Villa Stockhausen. 1906 wurde sie nach ihrem neuen Besitzer, dem Stifter des Hygiene-Museums, zum Lingner-Schloss. Karl August Lingner wurde in einem Mausoleum unterhalb des Schlosses beigesetzt. Die Villa wurde ›Klub der Intelligenz‹, dann Restaurant. In seinem Testament hatte er verfügt, dass eine Gaststätte ›mit bürgerlichen Preisen‹ einziehen sollte. Nach der Sanierung (voraussichtlich 2006) soll die Villa für Veranstaltungen genutzt werden; im Ostflügel ist ein Café geplant, der Park bleibt öffentlich.

Schloss Eckberg 4: Damit baute Semperschüler Christian Friedrich Arnold (1859–1861) das dritte Schloss im neugotischen Tudorstil aus weißem und gelbem Sandstein für den Zahnpastafabrikanten Souchay. Es wird heute als exklusives Hotel genutzt.

Weisser Hirsch 5 / 6

Ein 1688 erbauter Gasthof gab dem Stadtteil Weisser Hirsch 5 seinen Namen. Im 19. Jh. entstand hier eine Villenkolonie mit dem Sanatorium von Dr. Heinrich Lahmann, mit dem das Viertel zu einem der gefragtesten Heilbäder Europas aufstieg.

Eine Dampferfahrt auf der Elbe sollte man sich auf jeden Fall gönnen

Spaziergang: Das Sanatoriumsgelände am Waldpark wurde dem Verfall preisgegeben. Die Wohngegend, die sich vom Weißen Hirsch bis Loschwitz am Elbhang erstreckt, kann mit ihren fast 200 denkmalgeschützten Häusern als eine Art Freilichtmuseum der bürgerlichen Villenbaukunst betrachtet werden. Hier sollte man einfach spazieren gehen und im Restaurant-Café ›Luisenhof‹ (Bergbahnstr. 8) einkehren, das wegen seiner Aussicht auf Blaues Wunder, Stadt und Elbtal auch ›Balkon Dresdens‹ genannt wird. Mit der 1885 angelegten **Standseilbahn** (Fahrzeiten: 8.00–20.00 Uhr) nebenan geht es auf den Loschwitzer Körnerplatz hinunter.

Umgebung: Vom Weißen Hirsch aus erreicht man die **Dresdner Heide** 6, ein gut 50 km^2 großes Waldgebiet und Naherholungsziel mit vielen Wasserläufen, dessen längster die Prießnitz ist. Es gibt Radwanderwege; für längere Spaziergänge empfiehlt sich eine Wanderkarte.

Loschwitz 7

In das sich an den Elbhängen heraufziehende Loschwitz kommt man nicht, um spektakuläre Barockbauten oder großartige Kunstwerke zu sehen: Hier muss man einfach einen Spaziergang machen und auf jeden Fall mit der Standseil- oder Schwebebahn den Hang hinauffahren und zum Blauen Wunder hinabschauen.

Körnerhaus: Vom Zentrum des Stadtteils am Körnerplatz nach Westen führt der Körnerweg. Im Haus Nr. 6 war die Sommerwohnung der Eltern des Dichters Theodor Körner; hier trafen sie sich u. a. mit Mozart, Goethe, Kleist, Novalis, den Brüdern Humboldt und Schlegel. Ihr Weinberg erstreckte sich bis zur Schillerstraße mit dem **›Schillerhäuschen‹** (Nr. 19) genannten Pavillon, der hier seinen ›Don Carlos‹ beendete.

Schwebebahn: Östlich vom Körnerplatz überwindet die älteste Schwebebahn der Welt, 1898–1900 gebaut, in 2,5 Min. die 84 m zur Loschwitzhöhe (tgl. 10.00–17.30 Uhr).

Ganz in der Nähe an der Pillnitzer Landstraße steht die 1705–1708 von George Bähr und Johann Christian Fehre erbaute **Loschwitzer Kirche**. Ihr prächtiger Renaissance-Altar von Maria Giovanni Nosseni stammt aus der abgerissenen Sophienkirche am Postplatz (Öffnungszeiten i. d. R. 8.00–17.00 Uhr).

Leonhardi-Museum: Vom Körnerplatz ein Stück die Grundstraße entlang geht es zum Leonhardi-Museum in der ›Roten Amsel‹, einem Fachwerkanwesen und ehemaligen Mühle, wo von 1880 an der Maler Eduard Leonhardi sein Atelier hatte. Neben seinen Arbeiten werden Wechselausstellungen zeitgenössischer Kunst präsentiert (Öffnungszeiten: Di.–Fr. 14.00–18.00, Sa., So. 10.00 bis 18.00 Uhr).

Friedrich-Wieck-Straße: In dieser Straße sind noch einige Häuser des dörflichen Loschwitz erhalten, in denen Kunsthandwerksläden ab Werkstatt verkaufen. Im Haus Nr. 10 wohnte bis zu seinem Tod 1873 Friedrich Wieck, Musikpädagoge, Vater der Pianistin Clara Wieck und Schwiegervater Robert Schumanns. Die Straße hinab an der Elbe unterhalb des Blauen Wunders liegt der ›Körnergarten‹, in dem man im Sommer eine Pause genießen sollte.

Josef-Hegenbarth-Archiv: Von der Pillnitzer Landstraße zweigt in Richtung Hosterwitz die Calberlastraße ab, wo sich im Haus Nr. 2 das Hegenbarth-Archiv befindet mit dem Werk des 1962 gestorbenen Malers und Grafikers, der hervorragend Märchen und Sagen in Form von Feder- und Pinselzeichnungen interpretierte (Öffnungszeiten: Do. 10.00 bis 12.00, 14.00–16.00 Uhr; Di. nach Voranmeldung unter Tel. 0351/2683335).

Hosterwitz 8

Schifferkirche ›Maria am Wasser‹: Sie bezaubert durch ihre malerische Lage an der Elbe und Einfachheit. Ihre Bezeichnung verdankt die spätgotische Hallenkirche den Schiffern und Treidlern, die an der Elbfurt ihre Fracht umladen mussten und diese Gelegenheit auch gleich zum Gebet nutzten. Im Sommer ist sie an den Wochenenden geöffnet; gelegentlich werden Konzerte gegeben.

Carl-Maria-von-Weber-Museum: In der Dresdner Str. 44 arbeitete der Hofkapellmeister Carl Maria von Weber; hier entstanden wesentliche Teile des ›Freischütz‹, die Oper ›Euryanthe‹ und die ›Aufforderung zum Tanz‹. Die Räume sind als Museum mit Notenschriften sowie Dokumenten zu Leben und Werk ausgestattet. Ganzjährig im Haus und sommers im hübschen Garten gibt es Vorträge und Konzerte (Öffnungszeiten: Mi.–So. 13. 00–18.00 Uhr, Führungen nach Voranmeldung unter Tel. 0351/2618234).

Schloss Pillnitz 9

Pillnitz wurde 1950 nach Dresden eingemeindet, seitdem gehört das Heiterste der Schlösser, zudem ein beliebtes Ausflugsziel, zur Stadt.

TOP ZIEL **Schloss und Park Pillnitz** hatte August der Starke 1706 seiner Mätresse Anna Constanze Gräfin von Cosel geschenkt und 1718 zurück gefordert; dann ließ er sie erweitern. Mehr als 100 Jahre hat es gedauert, bis die Anlage so, wie sie heute aussieht, entstanden ist.

TIPP

Freude für Baumfreunde

Der 28 ha große Schlosspark, schon 1617 ein ›herrlicher Lustgarten‹, ist im Laufe der Jahrhunderte mehrfach ergänzt und umgestaltet worden und birgt eine Fülle dendrologischer Kostbarkeiten wie Mammutbäume, Purpurmagnolien, Trompetenbäume, Persische Eichen... Aus der Zeit der Gräfin Cosel stammen die so genannten Chamillen, Vorgänger der heutigen hohen Heckengärten, die kleine und große Kinder zum Versteckspiel locken. In der Nähe des Englischen Pavillons steht die berühmte japanische Kamelie. Von insgesamt vier 1770 nach Europa gebrachten Exemplaren ist sie die einzige erhalten gebliebene und damit die älteste in Europa. Von Ende Februar bis April lockt sie mit ihren 35 000 karminroten Blüten die Besucher an, die von Anfang bis Mitte März auch einen Ableger von ihr kaufen können (Öffnungszeiten: Park tgl. 5.00 Uhr bis Einbruch der Dämmerung; Führungen: Ostern, an April-Wochenenden, Mai–Okt. tgl. 11.00 bis 14.00 Uhr stündlich).

Berg- und Wasserpalais hat Matthäus Daniel Pöppelmann 1720–1730 in der damaligen Chinoiseriemode erbaut. Eine breite Elbtreppe führte einst zu den kurfürstlichen Gondeln. Von 1768 bis 1918 sollte Pillnitz bevorzugte Sommerresidenz der Wettiner bleiben. 1778–1791 wurde der Schlosspark in englischem Stil erweitert, ein Englischer Pavillon gebaut, angelegt wurden außerdem Holländischer und Chinesischer Garten.
Flügelbauten erweiterten die Schlösser. Das Renaissanceschloss von 1403 brannte 1818 ab und wurde durch das Neue Palais mit Küchen- und Kapellenflügel ersetzt und von Carl Christian Vogel ausgemalt. 1942–1945 diente Schloss Pillnitz zur Auslagerung Dresdner Kunstschätze, 1963 wurde es **Kunstgewerbemuseum** (Öffnungszeiten: Mai–Okt. 10.00–18.00 Uhr: Bergpalais Di.–So., Wasserpalais Mi.–Mo.). Das Wasserpalais besitzt Möbel, Glas, Majolika, Leder, Gobelins und Kunstschmiedearbeiten des 17. und 18. Jh.s; das Bergpalais zeigt nicht

Alles blitzeblank in der Pillnitzer Schlossküche

nur traditionelles Kunstgewerbe, sondern auch Design des 20. Jh.s. Zu besichtigen sind außerdem Inneneinrichtungen des Schlosses: der Watteau-Saal (um 1850) und das Weinling-Zimmer (18. Jh.).

TIPP

Abwarten und Tee trinken

Gedämpftes Licht, dezente Musik, Lederkissen und Tatami-Matten, das sorgt für Atmosphäre bei der Teezeremonie im Chinesischen Pavillon. Ein summender Gong eröffnet die Runde, sie beginnt mit einigen Sätzen Teekunde, dann kosten die Gäste verschiedene Teesorten und knabbern Ingwer, Nüsse und getrocknete Aprikosen. Die Teezeremonie dauert etwa eine Stunde (Voranmeldung und Termine unter Tel. 0351/2613260).

Die Deutschen Werkstätten Hellerau sind heute auf hochwertigen Innenausbau spezialisiert

Gartenstadt Hellerau 10

Etwa 100 Jahre ist es her, dass Hellerau (1950 nach Dresden eingemeindet) für eine revolutionäre Lebensweise stand. Künstler, Individualisten, Aussteiger ihrer Zeit strömten in die neue Stadt (Rilke, Kafka, Kokoschka, Werfel), eine neue Art des Zusammenlebens auszuprobieren. Hellerau war Anfang des 20. Jh.s nicht nur ein städtebauliches, sondern auch ein gesellschaftliches Ereignis als ein Zentrum der bürgerlichen Reformbewegung – Markt und Festspielhaus waren die gesellschaftlichen Zentren. Im monumental-schlichten **Festspielhaus** von Heinrich Tessenow (1912), Karl-Liebknecht-Str. 58, gründete der Genfer Tanzpädagoge Emile Jaques-Dalcroze die Bildungsanstalt für rhythmische Gymnastik und machte Hellerau zur Wiege des modernen Ausdruckstanzes. Nördlich der Stadtgrenze hatte Karl Schmidt, Begründer der Deutschen Werkstätten für Handwerkskunst, 1909 eine nach dem englischem Vorbild der Gartenstadtbewegung geschaffene Siedlung initiiert, die den harmonischen Dreiklang zwischen den Deutschen Werkstätten (Arbeiten), Siedlung (Wohnen und Leben) und dem Festspielhaus (Bildung und Kultur) bot. In den **Deutschen Werkstätten** (Moritzburger Weg 57) wurden einfache funktionale Möbel für die kleinen Wohnungen hergestellt. 1970 entstand hier das VEB Möbelkombinat Hellerau. 1992 privatisiert, werden heute hochwertige Inneneinrichtungen (Sächsischer Landtag, Neue Synagoge, Außenministerium Berlin) produziert. Von 1937 bis 1992 wurde das Festspielhausgelände als Kaserne genutzt, ein Teil ist mittlerweile saniert. An dem traditionsreichen Ort haben sich das **Europäische Zentrum der Künste**, das Dresdner Zentrum für zeitgenössische Musik, das russisch-deutsche Experimentaltheater Derevo angesiedelt und seit 2005 ist das Festspielhaus Sitz der Ballett-Company des Choreografen William Forsythe. Auf dem Veranstaltungskalender des Festspielhauses (www.KunstForumHellerau) stehen Lesungen, Performances und Konzerte. Führungen durch das Festspielhaus gibt es sonntags 14.00 Uhr (Tel. 0351/8833700); von April bis September werden sonntags außerdem Führungen durch die Deutschen Werkstätten und zum Festspielhaus von der Besucherinformation ›Markt 2‹ (Anmeldung Tel. 0351/8881801) angeboten.

SPECIAL

Palucca

Im Hellerauer Festspielhaus hatte der Schweizer Emile Jaques-Dalcroze 1912 eine Schule des modernen Ausdruckstanzes gegründet, und Mary Wigman wurde seine gefeierte Schülerin. Nie aber wurde sie so berühmt wie ihre Schülerin Gret Palucca (1902–1993), die 1925 ihre eigene Schule gründete und nach der die Dresdner Hochschule für Tanz am Basteiplatz heute benannt ist, in der klassisches Ballett wie Moderner Tanz gelehrt wird. Palucca experimentierte nicht nur mit einer neuen Ästhetik und einem neuen Körperverständnis, sondern begriff das Leben an sich als Experiment. Sie behauptete sich auch als Künstlerin jüdischer Herkunft in der Nazizeit, mit ihrem antiautoritären Unterrichtskonzept unter Ulbricht und wurde in der DDR zum Star und zur meist gefilmten Künstlerin. Begraben ist sie auf ihrer Lieblingsinsel Hiddensee.

Sandstein, Wald und Wein

Kaum hat man die Stadt Richtung Südosten hinter sich gelassen, wachsen bizarre Felsen und Türme aus dichtem Wald, kraxeln Menschen in luftiger Höhe, hängen am Seil – da hält mancher den Atem an. Die Bilderbuchlandschaft der Romantiker ist wie geschaffen für Felsenbühne und Musik vor einer Sandsteinkulisse. Nach Nordosten geht's zur Weinprobe oder zum Porzellan mit den blauen Schwertern nach Meißen. Wer will, kann es selbst bemalen. Oder in Moritzburg ein Federzimmer bestaunen. Oder Karl May besuchen.

Ideales Wanderwetter: Ein goldener Herbstmorgen an der Rathener Basteibrücke, am Horizont zeichnet sich der Lilienstein ab.

▲ Bilderbuchlandschaft zu Füßen der Bastei-Aussicht

▲ Traumhaft: Blick über die Basteibrücke zum Lilienstein am Horizont

▼ Wandern mit Begeisterung

▼ Felsformation Barbarine

Nichts als Luft unter den Sohlen und Türme wie gefrorene Sandburgen im Blick hängen Bergsteiger über der Elbe an der Wand, suchen Risse, Felsspalten, Sanduhren und Zacken – Möglichkeiten eine Schlinge festzuklemmen und sich vor dem nächsten Schritt abzusichern, um dann einen Überhang anzuvisieren. Manche schleichen wie Panther nach oben, andere zögern und korrigieren. Klettern ist sichtbar Breitensport im Elbsandsteingebirge, allerdings gilt das nur für freistehende Türme. Ein Drittel der Sächsischen Schweiz ist seit 1990 Nationalpark und somit ist ein großer Teil der fantastisch-porösen Sandsteinformationen geschützt.

▼ *Landschaftlich spannende Fahrt zwischen Königstein und Pirna*

▼ *Gipfelerlebnis im Bielatal*

SPECIAL

Boofen in den Affensteinen

Teufelsturm und Bussardboofe sind schnell besetzt, auch Rauschengrund und Falknertürme sind beliebt, in den Affensteinen ist die Auswahl bei zehn Plätzen größer und dann ist da ja noch die Sachsenhöhle im Dom. Nur Bergsportler und Wanderer ahnen, dass diese Namen Nachtruhe versprechen. Boofen nennt man die gut 50 Orte, in denen im Nationalpark Sächsische Schweiz das Übernachten im Freien erlaubt, wenn auch streng reglementiert ist. Es sind Felshöhlen oder geschützte Stellen, von der Bergsportkonzeption genau festgelegt und der Tradition der sächsischen Bergsteiger verpflichtet. So versteht sich von selbst, dass das Schild ›Freiübernachtungsstelle‹ nichts als Schlafen erlaubt, kein Feuerchen für den Morgenkaffee und keinen Fitzel Müll als Hinterlassenschaft.

Löcher wie im Schweizer Käse

›Den vollständigen Genuss beim Besuch der sächsischen Schweiz hat der Fußgänger‹, schrieb Ferdinand Thal 1846 und riet von der Kutsche ab, denn ›wer zu Wagen reist, und denselben nicht verlassen will, für den bleibt vieles ungesehen.‹ Daran hat sich nichts geändert, die markierten Wanderwege führen über 1200 Kilometer. Man sieht die Höhen und entdeckt allmählich, dass das Elbsandsteingebirge wie im Bielatal so löchrig wie ein Schweizer Käse sein kann. Mehr als 300 Höhlen wurden bisher gezählt, und das sind noch nicht alle.

▲ Zauberhaft: Wehlen von der ›Wilke‹-Aussicht

▼ Amüsant: Pirnaer Kleinkunstbühne

▼ Weihnachtsmarkt auf dem malerischen Pirnaer Marktp

▲ St. Marien mit herrlichen Gewölbeverzierungen ▼ Taufstein in St. Marien

Wo ist die Wolfsschlucht?

Die Bilderbuchlandschaft der Romantiker hat nichts von ihrem Reiz verloren. Der Märchendichter Christian Andersen schwärmte 1831 von ihren Höhen. Der Maler Caspar David Friedrich reiste vom fernen Greifswald an, ließ sich bezaubern und bannte auf die Leinwand, was er gesehen hatte und sehen wollte, und Carl Maria von Weber fand hier Wolfsschlucht und Szenerie für den ›Freischütz‹, der mit mehr als 1600 Aufführungen die Hitliste der Semperoper anführt.

Oder ist sie in Rathen, die Wolfsschlucht in der Felsenbühne? Mal gießen schwarze Jäger magische Kugeln im Feuer, und irgendwo zwitschert es vorlaut im Gebüsch. Dann schmettert Carmen Fels erschütternd, und schon am nächsten Tag bevölkern gute Feen und böse Geister den Wehlengrund, und manchmal kann man Hexen fliegen sehen. Winnetou, 1938 zum ersten Mal auf der Felsenbühne zu Gast, gibt seinem Pferd die Sporen. Wo, wenn nicht hier, sollte er Old Shatterhand treffen? Ein schöneres Naturtheater ist kaum denkbar, und selbst der Fußweg dorthin ist nur geschaffen, die Spannung zu steigern.

Tor zur Sächsischen Schweiz

Pirna liegt in so schöner Lage, dass der Italiener Canaletto es oft auf die Leinwand gebannt hat. Die Stadt hat ihren Namen vom sorbischen ›na pernem‹, ›auf dem harten Stein‹, den sie dem Sandstein verdankt, aus dem manch berühmtes Bauwerk besteht: der Dom von Meißen, das Rathaus von Antwerpen oder das Brandenburger Tor in Berlin. Ihrem Wohlstand entsprechend konnte sich die Stadt herausputzen, wie der Marktplatz und ganze von Mittelalter, Renaissance und Barock geprägte Straßenzüge bezeugen. Das Ende der DDR erwies sich für die historische Altstadt als Segen, nach der Wende wurde sie mit größtem Aufwand saniert und renoviert. Malerischer Mittelpunkt von Pirna ist der von Bernardo Bellotto, genannt Canaletto, gemalte Marktplatz, dessen Zentrum das Rathaus einnimmt. Vom Markt sind schon Turm und Dach der Stadtkirche St. Marien (1546) zu sehen, die herrliche Gewölbe und Deckenmalereien besitzt.

▲ *Festung Königstein: militärisch uneinnehmbar und daher erhalten*

▼ *Die Georgenburg, das ehemals gefürchtetste Staatsgefängnis Sachsens*

▲ *Ein Spaziergang an der Festungsmauer lohnt wegen des Panoramas*

Verdiente Aussicht, denn der Aufstieg ist steil

▼ Blick von der Friedrichsburg zum Lilienstein

Unbezwungen

Die das Elbtal beherrschende Festung Königstein ist eine der bedeutendsten Festungsanlagen Europas. Als böhmische Königsburg wurde sie 1241 erstmals erwähnt, Mitte des 15. Jh.s kam sie zur Mark Meißen und vom 16. bis zum 19. Jh. baute man den Königstein zur Festung aus, die – militärisch uneinnehmbar – bis heute unzerstört und daher vollständig erhalten geblieben ist. Der Königstein diente dem Dresdner Hof in Krisenzeiten als Zufluchtstätte und zur Unterbringung der Staatsschätze und Kunstsammlungen, so geschehen im Siebenjährigen Krieg. Aber auch als Szenerie für höfische Feste war die Festung beliebt, dafür ließ August der Starke von Matthäus Daniel Pöppelmann ein riesiges Weinfass mit einer viertel Million Litern Fassungsvermögen konstruieren. Darauf war ein Tanzboden installiert, der 30 Paaren Raum zum Ausschreiten graziöser Menuetts bot. Gleichzeitig eignete sich die Festung zur Bändigung der Opposition im Land: Im Staatsgefängnis der Georgenburg waren Johann Friedrich Böttger (1706/1707) und so bekannte Persönlichkeiten der Geschichte wie der Anarchist Michail Alexandrowitsch Bakunin (1849/1850), August Bebel (1874) und Frank Wedekind (1899).

SPECIAL

(Un)heimliche Nachbarn

Kenner deuten die Fußspuren der großen Katze, sie sind vom Luchs. Der Marderhund ist nachtaktiv, aus den Steppen Zentralasiens zugewandert, und Jäger haben im vorigen Jahr mehr als 200 seiner Familie erlegt. Artenschutzexperten freuen sich über die Einwanderung hier fast ausgestorbener Wildtiere und meinen, selbst Bär und Elch könnten wieder heimisch werden, aber Straßen und Schienen zerschneiden Schutzgebiete, und so wird kaum einer das scheue Wild zu Gesicht bekommen. Auch die Wanderfalken brüten wieder, seit 1989 ein Projekt zur Wiederansiedlung begonnen wurde. Und wenn ein Poltern Wanderer in Hütten erschreckt, ist das bestimmt der putzige mausgroße Gartenschläfer. Wie solche Schlafmäuse aussehen, verrät das Maskottchen im Nationalparkhaus in Bad Schandau.

▲ Idyllisch liegt Burg Hohnstein, Deutschlands größte Jugendherberge

▲ Aufzug von Bad Schandau ins Villenviertel Ostrau

▲ Oldtimertreffen auf dem Stolpener Marktpl

▼ Frisches Grün und kühles Nass prägen das Kirnitzschtal

e die Orgelpfeifen: Burg Stolpen besitzt Basaltformationen in Form achteckiger Säulen

Verträumte Orte

Nicht nur die Landschaft ist überwältigend, hübsche Städtchen wie Bad Schandau, verträumte Orte wie Stadt Wehlen liegen in der Sächsischen Schweiz oder, ganz im Osten, von Tschechien fast umgeben, Hinterhermsdorf. Mehr ein Flecken als ein Dorf, ins elf Kilometer entfernte Städtchen Sebnitz eingemeindet, fügt der Ort sich am Ende des Kirnitzschtales mit seinen traditionellen Umgebindehäusern in eine landschaftliche Idylle an der alten sächsisch-böhmischen Handelsstraße. So träge scheint das Flüsschen Kirnitzsch, das sich in Jahrtausenden ein Bett tief unten im Stein gegraben hat und schon vor 450 Jahren Transportweg der Holzflößer war. Heute kann man mit dem Kahn durch die Klamm fahren und in den aufragenden Tafelbergen Elefant, Berggeist und Kamel ausmachen.

Wie unvergleichbar karg lebte doch die Gräfin Anna Constantia von Cosel in der nahen Burg Stolpen, von August hierher verbannt, 49 Jahre bis zu ihrem Tod. Es ist keine Leichtigkeit oder Fröhlichkeit in diesen dicken Mauern, den Türmen, Bastionen, Kellern und Kerkern aus über einander geschichteten Basaltsäulen. Wie es ihr dort ergangen ist, lassen die Räume kaum ahnen. Dass Fantasie keine Mauern kennt, hat wenige Kilometer entfernt, in Radebeul, Karl May bewiesen. Der Verleger Euchar Albrecht Schmid hat ihn seit 1913 mit etwa 80 Millionen verkauften Bänden zum erfolgreichsten deutschen Schriftsteller aller Zeiten gemacht. Schließlich weiß heute jeder, wer Winnetou ist und kennt auch seine schöne Schwester Nscho-tschi. Der Abenteuerschriftsteller lebte von 1896 bis zu seinem Tod 1912 in Radebeul. In seinem Wohnhaus – er taufte es stilgerecht ›Villa Shatterhand‹ – begeistert heute das Karl-May-Museum. Und seit 1992 veranstaltet die Stadt alljährlich die Karl-May-Tage, zu denen Fans aus aller Welt anreisen.

Gütesiegel auf Eiche

Die Traube auf der Holzplatte ist geschnitzt und mehr als Dekoration, sie ist das Gütesiegel der Sächsischen Weinstraße, die 55 Kilometer von Diesbar-Seußlitz bis Pirna reicht, und allein 20 von 24 Siegeln sind in Gasthäusern des Landkreises

▲ Das Radebeuler Spitzhaus thront auf den Weinhängen

▲ Reizvoll: die Aussicht vom Spitzhaus auf Radebeul

▲ Karl-May-Tage: echte Kerle mit rauchenden C

▼ Kellermeister im Staatsweingut Wackerbarth

Indianer im Karl-May-Museum

▼ Sektnacht im Staatsweingut Schloss Wackerbarth

Meißen zu sehen. Man schmeckt das nordöstlichste Anbaugebiet, in dem die Sonne vergleichsweise knausert. Auf 425 Hektar wird vor allem Müller-Thurgau angebaut und dann Goldriesling – 0,2 Prozent der in Deutschland erzeugten Weinmenge –, am schönsten zu erkunden in den Radebeuler Weinbergen um Spitzhaus und Schloss Wackerbarth. In den vergangenen Jahrhunderten wurde hier auch der Rebensaft für den Dresdner Hof erzeugt, als der Wein in Anbetracht der sanitären Verhältnisse gewiss gesünder als Wasser war – womit sich erklären ließe, dass August der Starke sechs bis sieben Liter täglich getrunken haben soll. Vielleicht ist das auch übertrieben. Man sagt ihm ja auch 354 Kinder nach.

TIPP

Fest bei Bacchus

Das Herbst- und Weinfest wird in Radebeul jedes Jahr im September gefeiert. Es beginnt mit dem Einzug von Bacchus in Altkötzschenbroda, die Weinkönigin tritt auf und das erste Fass Radebeuler Federweißer wird angestochen. Drei Tage lang unterhalten Gaukler und Musiker, es gibt ein Feuerwerk und zum großen Finale die Abschlussparade über den Dorfanger (www.weinfest-radebeul.de).

Die Wiege Sachsens

›Lobet den Herren‹ klingt es wieder am Abend vom Turm der Frauenkirche am bildschönen Marktplatz von Meißen mit seinen Caféhausterrassen, nur durch die Nutzung als Parkplatz beeinträchtigt. 1929 zur Tausendjahrfeier wurde das älteste noch intakte Porzellanglockenspiel der Welt, von Paul Emil Börner geschaffen, in den Turm gehängt, sechs Choräle begleiteten durch den Tag, und nach 73 Jahren ging der Mechanik die Puste aus. Das war zu reparieren, für sehr viel Geld, das an allen Ecken und Enden fehlt. Da hatte der Pfarrer im Ruhestand eine Idee: Man konnte sich die Patenschaft für eine Glocke kaufen und sah sich zum Dank sogar auf einer Tafel verewigt, als zur 1075-Jahr-Feier der Stadt 2004 der Schaden behoben war. Der Meißner Dom beherrscht die Silhouette der Stadt und ist mit 87 Metern der

▲ Die Altstadt Meißens befindet sich auf dem steil aufragenden Burgberg

▲ Lauschiges Plätzchen: Domprobstei am Domplatz

▼ Blick von der Frauenkirche auf den Meißner Marktplatz

▲ Vincenz Richter – eine Institution in Meiße

▼ In der Schauwerkstatt der Meißner Porzellanmanufaktur

Meißner Porzellan: berühmt, zeitlos edel und handgefertigt

kleinste, aber stilreinste gotische Dom Deutschlands. Er besitzt wertvolle Bleiglasfenster mit Glasmalerei. Erst in den letzten Jahren stellte man den historischen Spazierweg um die spätgotische Albrechtsburg aus dem 19. Jh. wieder her. Schön sanierte Häuser fallen in der Altstadt auf, aber es ist noch viel zu tun in der Wiege Sachsens.

Porzellan nach China

Es klingt wie ›Eulen nach Athen tragen‹, schließlich kannte China das Porzellan Jahrhunderte vor Europa, aber tatsächlich plant die Porzellanmanufaktur Meißen ihren Einstieg in den chinesischen Markt. Das Sprungbrett heißt Taiwan und funktioniert bereits. Über einen Generalimporteur versorgt die Manufaktur auch schon fünf japanische Luxus-Warenhausketten mit edlem weißen Gold, das heißt, in 50 Filialen zwischen Sapporo und Fukuoka ist Meißner erhältlich. Außerdem verkaufen Japaner in Läden von Hamburg bis München Meißner Porzellan an Touristen aus der Heimat. Einheimische Besucher der Manufaktur tragen die kostbaren blauen Schwerter, das älteste deutsche Warenzeichen (seit 1722), nicht so oft nach Hause. Sie schauen den Porzellanmalern in der

SPECIAL

Sturz einer Legende

2008 soll die Stunde der Wahrheit schlagen. Am 300. Todestag seines Ahnherrn, des sächsischen Universalgelehrten Ehrenfried Walther von Tschirnhaus, will sein Nachkomme Christof von Tschirnhaus nach 20jährigem Kampf einen 300jährigen Geschichtsirrtum begraben sehen. Nicht Johann Friedrich Böttger, wie es in den Schulbüchern steht, hat das Porzellan erfunden, sondern sein Vorfahr hat Anfang Oktober 1708 das erste Stück weißen europäischen Porzellans hergestellt. Am 11. Oktober starb er, sein erster Becher ging irgendwann zu Bruch. Davon hat die Welt nur durch einen Bericht Böttgers erfahren, der im sächsischen Hauptstaatsarchiv erhalten blieb. Dennoch meldete Böttger im März 1709 seinen Erfolg, und ein Jahr später wurde er Leiter der Königlich-Polnisch-Kurfürstlich-Sächsischen Porzellan-Manufaktur.

▼ *Frühbarocke Kapelle von Schloss Moritzburg*

▲ *Der Piqueur bläst vor Schloss Moritzburg zum fröhlichen Jagen*

Schauwerkstatt der Porzellanmanufaktur über die Schulter, die mit sicherer Hand filigrane Zeichnungen auf Teller, Eier oder Porzellanfiguren auftragen.

▲ *Das zierliche Fasanenschlösschen birgt originales Interieur des 18. Jh.s*

▲ *Berittener Fanfarenzug bei den Moritzburger Hengstparaden*

▼ *Hafen mit Leuchtturm*

In Himmelsteichen

Ein steinerner Jäger bläst in sein Hüfthorn, zu seinen Füßen ruht ein müder Hund. Die Zeit der Jagdgesellschaften auf Schloss Moritzburg ist vorbei. Jetzt ist es ein Barockschloss, das sich im Wasser spiegelt und immer fröhlich aussieht mit den ockerfarbenen Fassaden und roten Mützen auf den runden Türmen. Die Teiche nennt man Himmelsteiche, weil sie keinen natürlichen Zufluss haben und vom Himmel gespeist werden. Geheimnisvolles auch innen: Etwa 300 Jahre alt sind die Ledertapeten im Damenbildniszimmer, ein Damenbildnis fehlt. Das Besondere ist die Tapete, mehr eine Wandbespannung, aus Venedig, aus Ziegenhäuten hergestellt und in jahrelanger mühsamer Arbeit restauriert. Nirgends auf der Welt gibt es einen größeren Bestand solcher Tapeten als hier. Risse und Schnitte wurden beseitigt, Lücken nachgearbeitet. Und weil man schon lange keine Ledertapeten mehr herstellt, war die Fantasie der Restauratoren gefragt. Die haben Leder mit Eisenstempeln punziert und, ganz barock, versilbert. Eine gelbbraune Lackschicht drüber, Ornamente aufgemalt, alles wie vor 300 Jahren.

Staubfänger Federbett

Man ahnt die Motten und Milben. Zwei Millionen Federn! Spätestens im Federzimmer, dessen Bedeutung und Kostbarkeit mit dem des berühmten Bernsteinzimmers oft gleichgesetzt wird, darf man August den Starken für verrückt halten. Er hat es gekauft, das ›kostbar gewürkte Bette‹, 1723, ins Japanische Palais schaffen lassen und die Bettvorhänge zu Wandverkleidungen umfunktioniert. In zwölf Jahren wurde es geschaffen, 1960 als unrestaurierbar abgebaut, und wurde doch in 19 Jahren quasi runderneuert. Die Federn sind nicht aufgenäht oder geklebt, sondern an Schussfäden geknüpft und eingewebt. Jede einzelne wurde gewaschen und getrocknet. Jetzt sind sie von einer Glaskanzel aus zu bewundern, im klimatisierten, staubdichten, milben- und mottenfreien Raum.

DRESDEN
MEISSEN
COSWIG
RADEBEUL
Cossebaude
FREITAL
PIRNA
Heidenau
Radeberg
Bischofswerda
Pulsnitz
Ottendorf-Okrilla
Neustadt in Sachsen
Sebnitz
Bad Schandau
Königstein
Stolpen
Dippoldiswalde
Glashütte
Altenberg
Bad Gottleuba
Berggießhübel
DĚČÍN
Weinböhla
Moritzburg
Wilsdruff
Tharandt
Kreischa
Rabenau
Lohmen
Stadt Wehlen
Rathen
Bastei
Hohnstein
Gohrisch
Sächsische Schweiz
Nationalpark
Hohwald
Elbsandsteingebirge
Dresdener Heide
Müglitztal
Elbe
Frauenstein
Lichtenberg
Niederschöna
Mulda
Schmiedeberg
Reinhardtsgrimma
Langebrück
Arnsdorf
Großröhrsdorf
Großharthau
Dürrröhrsdorf
Schönfeld-Weißig
Dohna
Struppen
Papstdorf
Rosenthal
Bielatal
Reinhardtsdorf-Schöna
Jílové
Labské pískovce
CHKO
Maßstab 1:225.000

Infos

Sächsische Schweiz

Ein Meer der Urzeit erodierte mit zu Stein verfestigten Ablagerungen zum ca. 360 km^2 großen Elbsandsteingebirge zwischen Dresden, Erzgebirge und Tschechien. In Millionen Jahren formten Wasser, Wind, Frost und Hitze die einzigartige Landschaft mit ihren Tafelbergen (Lilienstein, Pfaffenstein, Königstein, Großer Zschirnstein), mit bizarren Felsgruppen und -türmen, Felsnadeln und -klammen (Bastei, Schrammsteine), canyonartigen Flusstälern und Schluchten und ausgedehnten Wäldern, durch die die Elbe mäandert. Zur Sächsischen Schweiz wurde sie in der Romantik, zum Touristengebiet durch Dampfschiff und Eisenbahn. Wanderer schätzen die landschaftliche Vielfalt, insgesamt 1200 km Wanderwege sind ausgeschildert. Bergsteiger finden Gipfel für fast alle Schwierigkeitsgrade. Zwei Bereiche wurden 1990 mit insgesamt 93 km^2 als Nationalpark Sächsische Schweiz unter Schutz gestellt, im Westen das Gebiet zwischen Stadt Wehlen und Prossen mit Bastei und Hohnstein, im Osten das Gebiet der Schrammsteine bis zur tschechischen Grenze.

Informationsstellen: Das **Nationalparkhaus** informiert über Entstehung, Flora und Fauna und das Leben der Menschen in der Kulturlandschaft Sächsisch-Böhmische Schweiz (Bad Schandau, Dresdner Str. 2b, April–Okt. tgl. 9.00 bis 18.00, Nov. bis März (Jan. geschl.) Di.–So. 9.00–17.00 Uhr, Tel. 035022/50230; www.saechsische-landesstiftung.de).

In der historischen **Amselfallbaude** im Amselgrund zwischen Kurort Rathen und Rathewalde gibt es Informationen zur Tier- und Pflanzenwelt, Experimentierplätze für Jugendliche, eine Naturspielecke für Kinder (April u. Okt. tgl. 10.00–16.00, Mai–Sept. 10.00–17.00 Uhr).

Im **Eishaus Winterberg**, dem historischen Kühlhaus auf dem Großen Winterberg bei Schmilka, gibt es eine Multivisionsschau und eine Rundumsichtkamera (April u. Okt. tgl. 10.00 bis 16.00, Mai–Sept. 10.00–18.00 Uhr).

Klettern: Das Elbsandsteingebirge ist ein beliebtes Kletterrevier. Auskunft: Sächsischer Bergsteigerbund, Tel. 0351/4941415, bei Outdoortours, Tel. 035971/56907 und unter www.klettern-sachsen.de.

TIPP

Begleitung

Wanderungen mit der Nationalparkwacht führen montags in die Schrammsteine, dienstags ins Rathener Gebiet, mittwochs durch Wälder und Schluchten von Hinterhermsdorf und donnerstags ins Wehlner Gebiet. Auskunft zu Treffpunkt, Dauer und Schwierigkeitsgrad erteilt das Nationalparkhaus.

Zünftig: Wanderer in der Sächsischen Schweiz

Pirna ①

Mehrfach hat Canaletto das ›Tor zur Sächsischen Schweiz‹ (42 500 E.), 20 km von Dresden entfernt, in Veduten festgehalten. Die Altstadt der 1223 erstmals erwähnten und im 15. und 16. Jh. wohlhabenden Stadt schien dem Verfall preisgegeben, als 1989 die Bürgerbewegung ›Rettet Pirna‹ gegen den Abriss historischer Gebäude auf die Straße ging. Heute hat Pirna wieder einen der schönsten mittelalterlichen Stadtkerne Sachsens mit prachtvollen Bürger- und Handelshäusern aus Renaissance und Barock.

Sehenswert: Auf dem **Marktplatz** ragen heraus: die Apotheke zum Löwen mit Sitznischenportal (1578), die Sparkasse mit dem Hauszeichen Weißer Schwan (ehem. Wirtshaus), das Canaletto-Haus (Tourist-Information) mit hohem Giebel (1520), das mehrfach umgebaute Rathaus (1485), heute eine Stilsammlung von Gotik (Türen) bis Renaissance (Giebel) und der Rathausturm (1718) mit dem Stadtwappen. Hinter dem Canaletto-Haus erhebt sich die **Marienkirche** (16. Jh.) mit steilem Dach und massigem 60 m hohen Turm. Der Innenraum beeindruckt mit einem netzgewölbtem Mittel- und sterngewölbten Seitenschiffen sowie Deckenmalereien (16. Jh.).

Museum: **Stadtmuseum** im ehemaligen Kapitelsaal eines Dominikanerklosters zur Stadtgeschichte (Klosterhof 2/3, Öffnungszeiten: Di.–So. 10.00–17.00 Uhr).

Umgebung: Der **Barockgarten Großsedlitz** umfasst ›Festsäle im Grünen‹, die August der Starke 1732 in barocken Formen mit farbenfrohen Rabatten, Sandsteinskulpturen und Wasserspielen anlegen ließ (Heidenau, Parkstr. 85, Mitte April–Sept. tgl. 8.00–20.00, Okt. 8.00–16.30, Führungen an Sonn- und Feiertagen 15.00 Uhr).

Schloss Weesenstein, auf einem Felssporn über der Müglitz gelegen als Ensemble aus mittelalterlichen, Renaissance- und Barockelementen entstanden, war der Lieblingsaufenthalt von König Johann, der unter dem Pseudonym ›Philateles‹ eine Dante-Übersetzung herausgab (Am Schlossberg 1, April–Okt. tgl. 9.00–18.00, Nov.–März tgl. 10.00–17.00 Uhr; Schlosstheater, Tel. 035027/62629; Schlossbrauerei).

SPECIAL

Die Flut

Am 12. August 2002 begann im oberen Elbtal eine bisher einmalige Katastrophe, als die Hochwasser der Flüsse Müglitz, Gottleuba und Seidewitz und später die Elbe über die Ufer traten und Bäche sich in reißende Ströme verwandelten. Den Landkreis Sächsische Schweiz traf es am härtesten, große Teile des Elbtals nördlich von Pirna mussten vollständig evakuiert werden Am 16. August stand das Wasser in Pirnas Altstadt 3 m hoch. Acht Todesopfer waren zu beklagen, 60 km Straßen und 25 Brücken wurden zerstört, 1400 Wohnhäuser wurden vernichtet oder beschädigt und ca. 1600 Betriebe stark geschädigt. Verheerende Fluten gab es hier schon 1845, 1897, 1927 und 1957. Die meisten Schäden sind wieder behoben.

ⓘ Touristservice, Am Markt 7, 01796 Pirna, Tel. 03501/46570, Fax 465715, www.touristservice-pirna.de

Wehlen ②

Winzige Stadt, deren Ortsteile die Elbe trennt, beliebter Ausgangspunkt für Wanderer (1 Std. zur Bastei), Kletterer, Reiter und Radfahrer.

Sehenswert: Die **Kleine Sächsische Schweiz** in Dorf Wehlen (Schustergasse 8, April–Okt. tgl. 9.00–18.00 Uhr) befindet sich neben der Gaststätte ›Alte Säge‹ und zeigt aus Sandstein gefertigte Landschaftsnachbildungen der bekanntesten Felsformationen und Ausflugsziele.

Robert-Sterl-Haus: In einer 30-minütigen Wanderung geht es von Wehlen-Pötzscha hinauf nach Struppen-Naundorf, wo im

Felsenbühne Rathen: ›Freischütz‹-Aufführung

Wohnhaus und Atelier des Künstlers impressionistische Gemälde zu sehen sind (Robert-Sterl-Str. 30, Öffnungszeiten: Mai–Okt. Do.–So. 10.00 bis 17.00; Führung am letzten So. im Monat 15.00 Uhr).

ⓘ Gästeamt Stadt Wehlen, Markt 5, 01829 Stadt Wehlen, Tel. 035024/70414, Fax 79734, www.stadt-wehlen.de

Rathen ③

Einer der kleinsten Orte (500 E.) ist das malerische und teils autofreie Rathen mit seinen Fachwerkhäusern, 5 (steile) km von der Bastei entfernt (über die Schwedenlöcher, eine Felsschlucht mit 825 Stufen) und einen kurzen Fußweg von der berühmten Felsenbühne. Auf dem Amselsee kann man von April bis Oktober mit dem Ruderboot fahren.

Sehenswert: Ein faszinierendes Schluchtenlabyrinth 190 m über der Elbe mit traumhafter Aussicht ist die **Bastei** ist, der 76 m langen steinernen Basteibrücke (1851) und der Felsenburg Neurathen.

Die **Felsenbühne**, Sachsens größte Naturbühne vor wildromantischer Kulisse, wurde 1936 im Seitental Wehlgrund für 2000 Zuschauer angelegt (15 Min. vom Niederrathener Ortskern). Aufführungen der Landesbühnen Sachsen (Oper, Theater, Musical, Kinderstücke) finden von Mitte Mai bis September statt (Tel. 035024/7770).

ⓘ Gästeamt, Füllhölzelweg 1, 01824 Kurort Rathen, Tel. 0335024/70422, Fax 70074, www.kurort-rathen.de

Festung Königstein ④

Auf dem 361 m hohen Sandsteintafelberg über dem Städtchen Königstein liegt die gleichnamige Festung, 330 Jahre lang diente sie als Gefängnis, u. a. für den Anarchisten Michail Alexandrowitsch Bakunin und den Sozialdemokraten August Bebel.

Museen: Verschiedene der 30 Gebäude dienen seit 1955 als Museen: Das Schatzhaus zeigt Silbermünzen, das Brunnenhaus Fördertechnik, mit der Wasser aus einem 152,5 m tiefen Brunnen geholt wird. In den beiden Zeughäusern sind Ausstellungen zu Festungsbau und sächsischer Militärgeschichte zu sehen; im Georgenbau gibt es eine Dokumentation zur Geschichte des Staatsgefängnisses (April bis Okt. mehrmals tgl. Führungen, ansonsten Audioguide; Anmeldung zu thematischen Sonder- oder Nachtführungen unter Tel. 035021/64607; an Adventswochenenden stimmungsvoller Weihnachtsmarkt).

Bad Schandau ⑤ / ⑥

Schon seit dem 15. Jh. wird Schandau als Stadt bezeichnet, Bad ist sie seit 1920 und heute Kur- und Ferienort sowie Ausgangspunkt für Wanderungen und Klettertouren in die 3 km entfernten Schrammsteine, die zu den markantesten Felsen der Region gehören.

Sehenswert: Die spätgotische Kirche **St. Johannis** am Markt (1704, im 18. Jh. umgebaut) besitzt eine Sandsteinkanzel aus einem Block; den Altar (1572) schuf Hans Walther II. ursprünglich für die Dresdner Kreuzkirche. Mit einem 1904 erbauten, 50 m hohen Aufzug erreicht man die Stadtteile **Ostrau** und Postelwitz, wo man zwischen Villen und alten Umgebinde- und Fachwerkhäusern spazieren gehen kann. Die **Toskana-Therme**, im Oktober 2004 im Kurmittelhaus eröffnet, besitzt nicht nur ein großes therapeutisches Angebot, sondern sie ist mit ihrem Liquid-Sound-System auch eine Attraktion für Wasserratten: Man nimmt über und unter Wasser Klänge wahr; und durch die Lichtinszenierungen scheint das Wasser seine Farbe zu wechseln.

Umgebung: Das romantische **Kirnitzschtal** reicht von Bad Schandau bis zur tschechischen Grenze hinter Hinterhermsdorf. Mit der Kirnitzschtalbahn ab Bad Schandau, kann man bis zum Lichtenhainer Wasserfall (8 km) fahren und von dort zum Felsentor des Kuhstalls wandern mit Blick auf den ursprünglichsten Teil der Hinteren Sächsischen Schweiz. Einen strammen Fußmarsch von Hinterhermsdorf entfernt gibt es reizvolle Kahnfahrten durch die **Kirnitzschklamm** (Ostern–Okt. tgl. 9.00–16.00 Uhr; am Wochenende Kutschfahrten dorthin). Grandiose Aussichten bieten Wanderungen in den Affensteinen von Schmilka ⑥ aus.

ⓘ Tourist Info, Am Markt 12, 01814 Bad Schandau, Tel. 035022/90030, Fax 90034

Stolpen ⑦

Stolpen, überragt von seiner Burg, liegt 20 km östlich von Dresden. Die Burg ist besonders durch das tragische Schicksal der Gräfin Cosel, der Mätresse Augusts des Starken, bekannt.

Burg Stolpen: Die auf einer Basaltkuppe gelegene Nebenresidenz meißnischer Bischöfe und sächsischer Kurfürsten oberhalb des Marktes wurde, weil August der Starke es wollte, für 49 Jahre zum Gefängnis seiner Mätresse, der Gräfin Cosel (1680–1765). Nachdem sie über neun Jahre seine Gefährtin war, der er die Ehe versprochen und mit der er drei Kinder hatte, legte August sich als König von Polen eine polnische Mätresse zu. Als er die Gräfin daraufhin in die Burg, in den ›Coselturm‹, verbannte, war sie 36 Jahre alt. Begraben wurde sie in der Burgkapelle. Verliese, Folterkammer und Hungerloch und den mit 82 m tiefsten in den Basalt getriebenen Brunnen (1630) der Erde kann man im mittelalterlichen Gemäuer (13. Jh.) neben dem Cosel-Gefängnis besichtigen. Im Burghof sind die Basaltformationen wie Orgelpfeifen angeordnet als achteckige Säulen ausgebildet (Öffnungszeiten: April–Okt. tgl. 9.00–17.00, Nov.–März tgl. 10.00–16.00 Uhr; (Nacht-)Führungen: Tel. 035973/23410).

Der ›Lößnitzdackel‹, Baujahr 1884, ist die älteste Schmalspurbahn Sachsens

Geschickte Hände stellen Meißner Porzellan her

Radebeul 8

Radebeul (32 000 E.) liegt eingerahmt zwischen der Elbe und den Weinhängen der Lößnitz, die teilweise mit schicken Hotels und schönen Villen bebaut sind.

Sehenswert: Die Villa Shatterhand, das Wohnhaus Karl Mays (1842–1912) mit seinem Nachlass einschließlich Winnetous Silberbüchse, und die Villa Bärenfett, ein Wildwest-Blockhaus mit der Indianersammlung des **Karl-May-Museums** begeistern nicht nur Kinder (Karl-May-Str. 5, Öffnungszeiten: März–Okt. Di.–So. 9.00–18.00, Nov.–Feb. bis 16.00 Uhr).

Drei Touren (Wein-, Sekt- und Historische Tour) mit Verkostung bietet das Sächsische Staatsweingut im **Schloss Wackerbarth** (1728/1729) an (Wackerbarthstr. 1, Verkostungstouren: Mo.–Fr. Wein-Tour 14.00, Sekt-Tour 17.00, Sa., So. Historische Tour 15.00, Wein- und Sekt-Tour im Wechsel stündlich 10.00–17.00; Gutsverkauf tgl. 9.30–20.00; Restaurant Mo.–So. 12.00–22.00 Uhr).

Das **Schloss Hoflößnitz** (1650) besitzt eine reiche Innenausstattung, darunter 80 Deckengemälde mit brasilianischen Vögeln, heute ist darin ein **Museum zur Geschichte des Weinbaus** (Knohlweg 37, Öffnungszeiten: Di.–Fr. 14.00–18.00, Sa., So. 10.00 bis 18.00 Uhr).

Veranstaltungen: Im September, am Wochenende nach Himmelfahrt finden alljährlich die Karl-May-Tage statt mit indianischen Gästen, Lassowerfern, Cowboys und Westernreitturnier.

ⓘ Tourist-Information, Pestalozzistr. 6a, 01445 Radebeul, Tel. 0351/8311905, Fax 8311902, www.radebeul.de

Meissen 9

TOP ZIEL **Meissen**, die ›Wiege Sachsens‹ (29 000 E.) mit der von Kaiser Heinrich I. im Jahr 929 gegründeten Burg liegt 26 km nordwestlich von Dresden und ist wegen der Porzellanmanufaktur weltbekannt. Landesteilung, Verlegung der Residenz nach Dresden und die Auflösung des Bistums während der Reformation beendeten die politische Bedeutung, während die wirtschaftliche und kulturelle erhalten blieben. Seit der Wiedervereinigung kämpft Meißen um den Erhalt der Bausubstanz in der schönen historischen Altstadt (Stadtführungen: April–Okt. tgl. 13.00 Uhr ab Tourist-Information, Markt 3).

Sehenswert: Die **Albrechtsburg**, nach ihrem Erbauer Albrecht dem Beherzten benannt, 1471–1525 von Arnold von Westfalen zur Residenz der Wettiner umgebaut, gehört zu den schönsten deutschen gotischen Profanbauten mit seinen großen Vorhangbogenfenstern, dem ab 1875 mit Historienmalerei versehenen Zellengewölbe und der kühnen statischen und kunstvollen Konstruktion im Treppenturm des großen Wendelsteins. 1710 wurde zunächst hier die Porzellanmanufaktur eingerichtet und blieb 153 Jahre. Die Burg wird für Konzerte, Lesungen und Mittelalterfeste genutzt; außerdem sind mittelalterliche Skulpturen ausgestellt (Domplatz 1, Öffnungszeiten: tgl. 10.00–18.00, Nov.–Feb. bis 17.00 Uhr, Jan. geschl).

Der **Dom St. Afra** (1260–1410) auf dem Burgberg, die Kathedrale des Bistums Meissen, ist mit um 1260 geschaffenen lebensgroßen Stifterfiguren aus der Naumburger Werkstatt, einem Altargemälde aus der Werkstatt Lucas Cranach d. Ä. (1526), einem Kruzifix und Altarleuchter aus Meißner Porzellan (1760) ausgestattet (Öffnungszeiten: tgl. April–Okt. 9.00–18.00, Nov.–März 10.00 bis 16.00 Uhr; Führungen stdl.).

Der **Marktplatz** wird vom spätgotischen Rathaus (1470–1486) und der Frauenkirche aus dem 15. Jh. dominiert. Spätgotische und Renaissance-Bürgerhäuser umrahmen ihn. Neben der Frauenkirche lädt das Weinhaus Vincenz Richter im Fachwerkhaus aus dem 16. Jh. ein. In der Schauhalle der **Staatlichen Porzellanmanufaktur** (Talstr. 9, www.meissen.de) im Triebischtal (Pendelbus zwischen Altstadt und Manufaktur April–Okt.; Öffnungszeiten: tgl. 9.00–18.00, Nov.–April bis 17.00 Uhr) werden jährlich 3000 Stücke aus einer Sammlung mit 20 000 Porzellanen aller Stilepochen ausgestellt. In der Schauwerkstatt kann man die Entstehung eines Porzellanstücks erleben (Führungen alle 10 Min., Dauer 35 Min.). Angeboten werden auch Mal- und Kreativseminare (Anmeldung Tel. 03521/468700).

ⓘ Tourist-Information, Markt 3, 01662 Meißen, Tel. 03521/41940, Fax 419419, www.stadt-meissen.de

Moritzburg 10

Inmitten des Landschaftsschutzgebietes der Moritzburger Teiche liegt das hübsche Dorf Moritzburg. Es ist berühmt für das Lust- und Jagdschloss der sächsischen Herrscher. Dieses thront inmitten eines Teiches am Ende einer langen Allee am Nordrand des Dorfes. Schon die Anfahrt kann ein Erlebnis sein: Die dienstälteste Schmalspurbahn Sachsens, der ›Lößnitzdackel‹, fährt von Radebeul-Ost, am Schloss Hoflößnitz vorbei, durch das Lößnitztal und das Landschaftsschutzgebiet der Moritzburger Teiche.

TOP ZIEL **Schloss Moritzburg**: Das Jagd- und Lustschloss wurde 1723–1736 von Matthäus Daniel Pöppelmann errichtet, heute Museum

Speisesaal des Schlosses Moritzburg

mit Jagdtrophäensammlung, barocker Fest- und Tafelkultur, Ledertapeten und Federzimmer. Das Schloss wird auch für Konzerte, Lesungen, Theater und Kinderveranstaltungen genutzt (Öffnungszeiten: Nov. bis März Di.–So. 10.00–16.00 (Jan. nur an den Wochenenden), April–Okt. tgl. 10.00–17.30; Führungen Anmeldung unter Tel. 035207/87318).

Veranstaltungen: Bei den **Moritzburger Hengstparaden** im September erleben Pferdegeisterte edle Halbblüter des Sächsischen Landesgestüts aus nächster Nähe. Ein Ereignis ist auch das am letzten Oktoberwochenende stattfindende Abfischen des Schlossteiches mit Schaufischen, Fischverkauf und Markttreiben.

Anreise

Auto: Von Norden über Berlin (A 13/A 4/E 40), Ausfahrt Hellerau ins Zentrum; Von Osten über Görlitz (A 4/E 40), ab 2006 auch aus Prag (A 17); Von Süden Nürnberg – Hermsdorfer Kreuz – Chemnitz – Dresden (E 51/A 9 und E 40/A 4); alternativ über E 441/A 72 vom Autobahndreieck Bayrisches Vogtland über Plauen und Zwickau zum Autobahndreieck Chemnitz (Anschluss an E 40/A 4); Von Westen und Nordwesten Eisenach – Erfurt – Hermsdorfer Kreuz –Chemnitz – Dresden (E 40/A 4).

Bahn: Dresden ist von allen großen deutschen und großen ost- und südeuropäischen Städten (Warschau, Prag, Budapest, Wien, Zürich) mit der Bahn direkt zu erreichen – Fahrkarten und Reservierungen Tel. 11861, www.bahn.de. Der **DB NachtZug** fährt aus dem Rhein-Ruhrgebiet, Baden-Württemberg und Bayern nach Dresden – Information und Buchung unter Tel. 01805/141514 und unter www.nachtzugreise.de. Mit der CityNightLine Linie ›Semper‹ geht es ab Zürich, Baden, Basel, Freiburg, Offenburg, Karlsruhe, Mannheim und Frankfurt am Main direkt in die Elbmetropole – Information und Buchung unter Tel. 01805/141514 und unter www.citynightline.ch.

TIPP

Dresden Cards

Dresden City-Card: Sie kostet 18,00 € pro Person, ist 48 Stunden lang gültig und gewährt freie Fahrt mit den öffentlichen Verkehrsmitteln, freien Eintritt in die Museen der Staatlichen Kunstsammlungen und das deutsche Hygiene-Museum sowie Nachlässe bei Stadtrundfahrten, bei Fahrten mit dem Schaufelraddampfer, in Theatern sowie Rabatte in ausgewählten Restaurants und im Einzelhandel. Kinder bis zu 6 Jahren haben freie Fahrt mit öffentlichen Verkehrsmitteln, zwei Kinder bis 15 Jahre haben freien Eintritt bei Museen der Staatlichen Kunstsammlungen inklusive der Sonderausstellungen.

Dresden-Regio-Card: Mit ihr kann man den Großraum Dresden für 29,00 € erkunden, sie ist 72 Stunden lang gültig. Zusätzlich zu den Leistungen der City-Card beinhaltet sie freie Fahrt in den Linienverkehrsmitteln im Dresdner Umland.

SPECIAL

Dresden hören

Die Elbe schlängelt sich nach Vivaldi-Musik durch die Stadt, die Blue Wonder Jazzband unterstreicht das Malerische. Sanfte Stimmen führen durch die architektonischen und kulturellen Reichtümer der Stadt, zu Kreuzchor und Schloss Pillnitz, in den Zwinger und zur Brühlschen Terrasse und auch kurz in die Herkuleskeule. Ein akustischer Stadtführer ›Dresden hören und erleben‹ soll die Elbestadt auch Blinden zugänglich machen, lässt aber auch ahnen, wie viel Sehende ahnungslos übersehen.

Bus: Linienbusse verkehren regelmäßig von mehreren deutschen Städten zum Busbahnhof/Nordseite in Dresden. Viele Reiseveranstalter bieten günstige Busreisen mit Pauschalarrangements an.

Flugzeug: Der Flughafen Dresden-Klotzsche, 9 km vom Zentrum gelegen, wird vom Linienverkehr bedient. Die S-Bahn zum Hauptbahnhof fährt ca. 25 Min. mit Zwischenstopps am Bhf. Dresden-Neustadt und Dresden-Mitte, ein Taxi braucht ca. 15 Min. bis ins Stadtzentrum. Die Buslinie 77 fährt vor dem Terminal ab; steigt man an der Karl-Marx-Straße in die Straßenbahnlinie 7 Richtung Gorbitz um, gelangt man zum Pirnaischen Platz im Zentrum. Flughafenauskunft Tel. 8813360, www.dresden-airport.de.

Ausgehen

Altstadt: Busmann's Brasil, Kleine Brüdergasse 5. Zwinger-Blick und tolle Bar-Karte.
Café No. 3, Weiße Gasse 3. Szene-Bistro im Kneipenviertel am Rathaus.
Maximus, Maxstr. 5. Altstadtnaher In-Treff

Neustadt: Café 100, Alaunstr. 100. Hervorragend bestückter Weinkeller.
Frank's Bar, Alaunstr. 80. Bar mit gutem Ruf und über 200 Drinks.
Leonardo, Rudolf-Leonhard-Str. 24. Schönste Kneipe im Hechtviertel.
Raskolnikoff, Böhmische Str. 3. Café-Kneipe und Biergarten mit Wasserspiel und Wildkräutern.

Weitere Kneipen und Clubs: s. Infoseiten 72/73.

Auskunft

Allgemein: Dresden-Werbung und Tourismus GmbH, Ostra-Allee 11, Tel. 0351/49192116, www.dresden-tourist.de (Aktueller Veranstaltungskalender). Zimmervermittlung Tel. 49192222; Kartenservice Tel. 49192223; Pauschalangebote Tel. 49192120; Stadtrundfahrten, Ausflüge, Dolmetscher Tel. 49192100; Gästeführervermittlung Tel. 49192140.
Tourismusverband Sächsische Schweiz, Am Bahnhof 6, Bad Schandau, Tel. 035022/4950, www.sax-ch.de.

Informationsstellen: Tourist-Information, Prager Str. 2a, 01069 Dresden, Tel. 491920, Fax 49192244. Tourist-Information, Schinkelwache am Theaterplatz.

Bereit für das Elbhangfest-Drachenbootrennen

Essen und Trinken

Speisen: Die traditionelle sächsische Küche basiert auf den herzhaften Gerichten der Waldarbeiter, Bergleute, Elbschiffer und Bauern, verfeinert durch die italienischen und französischen Einflüsse der höfischen Speisezettel. Zu den Spezialitäten zählen die Sächsische Kartoffelsuppe, hervorragend schmeckt auch der Dresdner Sauerbraten oder der Sächsische Kartoffelsalat. Da die Sachsen eine Vorliebe für Süßes haben, mögen sie Quarkkeulchen oder zum Kaffee eine Eierschecke, laut Erich Kästner ›eine sächsische Kuchensorte, die zum Schaden der Menschheit auf dem restlichen Globus unbekannt geblieben ist‹. Die bekannteste Spezialität der Dresdner

›Sandstein & Musik‹ im Schloss Rammenau

DATEN UND FAKTEN

- **Einwohner**: Die Landeshauptstadt gehört mit 483 000 Einwohnern zu den wenigen wachsenden Städten Ostdeutschlands und ist nach Leipzig die zweitgrößte Stadt des Freistaates Sachsen.
- **Geografische Lage**: Das Stadtgebiet, malerisch im Elbtal gelegen, erstreckt sich seit der Eingemeindung mehrerer Nachbargemeinden 1999 über 328,5 km². Der Fluss schlängelt sich mit bis zu 150 m Breite durch die Stadt. 50 km² des Stadtgebietes, vor allem im Norden mit der Dresdner Heide, sind Waldgebiet, das sich an die Loschwitzer Höhen anschließt. Im Süden geht die Stadt in die Ausläufer des östlichen Erzgebirges über, im Osten liegt ca. 20 km entfernt die Sächsische Schweiz mit bizarren Felsformationen.
- **Wirtschaft**: Dresden ist als Landeshauptstadt und Regierungssitz kulturelles und geistiges Zentrum Sachsens und Mittelpunkt des oberen Elbtals (zwischen Riesa und der tschechischen Grenze). Mit High-tech-Industrie (22 000 Menschen arbeiten in Dresden und Umgebung in der Halbleiterindustrie), wissenschaftlichen Forschungszentren (Max-Planck-Institut für Biotechnologie, Institute der Fraunhofer Gesellschaft), TU und Hochschulen, Tourismus (jährlich 7,4 Mio. Besucher) und der Gläsernen Manufaktur des VW-Konzerns wächst die Bedeutung der Stadt als Wirtschafts- und Wissenschaftsstandort. Die Arbeitslosenquote beträgt dennoch 15,5% (Frauenanteil 45,5 %).

Backkunst ist ohne Frage der Dresdner Christstollen.

Getränke: Im nahen Radeberg wird eines der besten deutschen Biere gebraut, und die gefragtesten Weine eines der nördlichsten Weinanbaugebiete Europas kommen aus Meißen, aus der Gegend um Radebeul und aus den Dresdner Lagen.

Feste und Festivals

Februar: Operettenball – mit dem Strauss-Orchester der Staatsoperette

März-November: Festival ›Sandstein & Musik‹ – Konzerte in Schlössern und Burgen der Sächsischen und Böhmischen Schweiz (Information und Karten, Tel. 03501/446572, Fax 446472, www.sandstein-musik.de)

April: Internationales Filmfestival für Animations- und Kurzfilm im Kino Metropolis

Mai: 1. Mai Dampferparade – neun historische Schaufelraddampfer fahren vom Terrassenufer zum Schloss Pillnitz und zurück. Mitte Mai Dixielandfestival – über 200 Musiker aus aller Welt jazzen an etwa 60 Orten (Karten unter Tel. 0351/4866666). Karl-May-Tage in Radebeul

Juni: ›Elbhangfest‹ – Straßenfest vom Blauen Wunder bis Schloss Pillnitz, legendär ist das nächtliche Drachenbootrennen auf der Elbe (www.elbhangfest.de). ›Bunte Republik Neustadt‹ – unkonventionelles Stadtteilfest der Äußeren Neustadt

Juli/August: ›Filmnächte am Elbufer‹ – vom Dresdner Königsufer blickt man auch ganz nebenbei auf die Altstadt-Silhouette.

August: Moritzburg Festival – internationales renommiertes Kammermusikfestival im Schloss Moritzburg – Repertoire und Qualität sind vom Feinsten.

September: Hengstparaden in Moritzburg

Oktober: Dresdner Tage der zeitgenössischen Musik – zehn Tage außergewöhnliche Konzerte der internationalen Avantgarde. Volksfest mit Schaufischen in Moritzburg und Abfischen der Teiche

November: Tanzherbst – tänzerisches und choreografisches Schaffen von Frauen

Dezember: Adventsmusik in der Kreuzkirche. Stallhöfisches Adventsspektakel im langen Gang des Schlosses. Striezelmarkt

Fundsachen

Fundbüro der Stadt Dresden: Hamburger Str. 19, Tel. 0351/4884280, Di., Do. 8.00 bis 12.00, 14.00 – 18.00 Uhr.

Fundbüro der Deutschen Bahn AG: im Bahnhof Dresden-Neustadt, Tel. 0351/4615601.

Hotels (eine Auswahl)

Von Varta-Experten geprüft; weitere Adressen stehen im ›Varta-Führer‹ (im Buchhandel erhältlich).

Preise:

€€€€	Doppelzimmer	über 200 €
€€€	Doppelzimmer	150 – 200 €
€€	Doppelzimmer	100 – 150 €
€	Doppelzimmer	50 – 100 €

Dresden-Altstadt: €€€€ **Kempinski Taschenbergpalais**, Taschenberg 3, Tel. 0351/49120, Fax 4912812, www.kempinski-dresden.de. Internationales Hotel der Spitzenklasse im Herzen der historischen Altstadt. Fitnessraum, Sauna, Solarium, Hallenbad, in der Adventszeit Eisbahn im Innenhof. 181 Zi., 1 App., 32 Suiten.

€€€/€€ **art'otel**, Ostra-Allee 33, Tel. 0351/49220, Fax 4922777, www.artotels.com. Designerausstattung von Denis Santachiara, Skulpturen und Grafiken von A. R. Penck. 155 Z., 19 Suiten.

TIPP

Literaturempfehlungen

Wen das Interesse am alten Dresden gepackt hat, der kommt um einen Klassiker nicht herum: Fritz Löffler, ›Das alte Dresden‹, 1955 in 1. Auflage erschienen und seitdem immer wieder neu aufgelegt (zuletzt Seemann 2002). Man erfährt die Geschichte der Dresdner Bauten, sieht Details, die man sonst nicht wahrnimmt und kann sich auch ein Bild von dem machen, was verschwunden ist. Eine wunderbare Urlaubslektüre und eine Ode an seine Heimatstadt sind die Kindheitserinnerungen des Schriftstellers Erich Kästner ›Als ich ein kleiner Junge war‹. Mit Thomas Rosenlöchers ›Die verkauften Pflastersteine‹ liegt ein sehr persönliches Dresdner Tagebuch zur Wendezeit vor (edition suhrkamp, 1990). Wer nach Abenteuerlichem sucht, hat es schwer. Dresden taugt offenbar nicht zur Kriminalkulisse. Aber mit Detlef Bluhm lässt sich immerhin ›Das Geheimnis des Hofnarren‹ entschlüsseln, der vor 250 Jahren einen Schatz Augusts des Starken vergraben hat (Aufbau, 2001).

€€/€ **Hotel Kipping**, Winckelmannstr. 6, Tel. 0351/478500, Fax 4785099, www.hotel-kipping.de. Hinter dem Hauptbahnhof gelegene Neorenaissance-Villa mit unterschiedlich großen Gästezimmern. 20 Z.

€ **Ibis Hotel Bastei**, Prager Str., Tel. 0351/4856388, Fax 48565555, www.ibis-dresden.de. Gut und günstig übernachtet man hier, zentral in der Fußgängerzone Prager Straße. 279 Z., 27 Suiten.

Dresden-Neustadt: €€€€/€€€ **The Westin Bellevue**, Große Meißner Str. 15, Tel. 0351/8050, Fax 8051609, www.westin.com/dresden. Inmitten der Elbuferlandschaft mit Blick auf das unvergleichliche Altstadt-Ensemble. Fitnessraum, Sauna, Solarium, Hallenbad. 320 Z., 20 Suiten.

€€€€/€€€ **Bülow Residenz L'Art de Vivre**, Rähnitzgasse 19, Tel. 0351/80030, Fax 8003100, www.buelow-residenz.de. Eines der ältesten barocken Herrenhäuser Sachsens von 1730. 25 Z., 5 Suiten.

€€ **Bayerischer Hof**, Antonstr. 35, Tel. 0351/829370, Fax 8014860, www.bayerischer-hof-dresden.de. Hübsche Gästezimmer mit Stilmöbeln. 45 Z., 5 Suiten.

€€€/€€ **Holiday Inn**, Stauffenbergallee 25 a, Tel. 0351/81510, Fax 8151333, www.holiday-inn-dresden.de. Zeitgemäße Ausstattung in Designermanier, nette Badelandschaft. 119 Z., 2 App., 1 Suite.

Dresden-Friedrichstadt: €€ **Artis Suite Hotel**, Berliner Str. 25, Tel. 0351/86450, Fax 8645999, www. artis-hotels.de. Wohnliche Studios und Appartments laden zum Übernachten ein. 92 App.

Dresden-Briesnitz: €€€ **Romantik Hotel Pattis**, Merbitzer Str. 53, Tel. 0351/42550, Fax 4255255, www.pattis.de. Lobenswertes Haus mit vorbildlicher Gästebetreuung. 35 Z., 11 Suiten.

Dresden-Loschwitz: €€€€/€€€ **Schloss Eckberg**, Bautzner Str. 134, Tel. 0351/80990, Fax 8099199, www.schloss-eckberg.de. Traditionsreicher Herrensitz mit großem Parkgelände. Golfplatz mit 18 Löchern, Fitnessraum, Beautybereich, Sauna. 80 Z., 4 Suiten.

Dresden-Laubegast: € **Prinz Eugen**, Gustav-Hartmann-Str. 4, Tel. 0351/255900, Fax 2559055, www.hotelprinzeugen.de. Angenehmes Haus mit wohnlichen Zimmern im Landhausstil. 47 Z., 4 App.

Dresden-Niedersedlitz: €€/€ **Ambiente**, Meusegaster Str. 23, Tel. 0351/207880, Fax 2078836, www.hotel-ambiente.de. Familiär geführte Pension. 20 Z.

Dresden-Gruna: € **Smetana**, Schlüterstr. 25, Tel. 0351/256080, Fax 2560888, www.hotel-smetana.de. Das Jugendstilhotel verfügt über farbenfrohe und moderne Unterkünfte. 26 Z., 1 App., 4 Suiten.

Dresden-Löbtau: € **Bonhoefferplatz**, Bonhoefferplatz 13, Tel. 0351/420990, Fax 42099400, www.hotel-bonhoefferplatz.de. Hotel Garni, das aus einem herrschaftlichen Haus (um 1900) entstand. 45 Z., 4 App.

Dresden-Pappritz: € **Pappritzer Hof**, Wachwitzer Höhenweg 1–3, Tel. 0351/2149830, Fax 2149892, www.pappritzer-hof.de. In ruhiger Stadtrandlage, unweit vom Fernsehturm gelegen. 45 Z., 1 App.

Dresden-Strehlen: €€€/€€ **Four Points Hotel Königshof**, Kreischaer Str. 2, Tel. 0351/87310, Fax 8731499, www. arabellasheraton.com. Das historische Haus bietet helle wohnliche Gästezimmer. 84 Z., 9 Suiten.

Dresden-Weixdorf: € **Quintessenz**, Hohenbusch Markt 1, Tel. 0351/882440, www.

GESCHICHTE

- **1206** wurde der Ort erstmals urkundlich als ›Dresdene‹ erwähnt.
- **1292** bekam Dresden das Stadtrecht verliehen.
- **1403** erhielt Altendresden (heutige Neustadt) das Stadtrecht.
- **1423** wurde Sachsen Kurfürstentum, Residenz war Meißen.
- **1464** machten die Wettiner Dresden zu ihrer Residenzstadt. Das Schloss, das Markgraf Wilhelm I. vergrößert hatte, wurde noch ausgebaut.
- **1491** wurde beim ersten großen Stadtbrand die Hälfte der Stadt vernichtet.
- **1539** führte Herzog Heinrich der Fromme die Reformation ein.
- **1547** erhielt Herzog Moritz für die Albertiner die sächsische Kurwürde. Dresden wurde Hauptstadt des protestantischen Sachsen.
- **1560** wurde im Schloss die Kunstkammer eingerichtet.
- **1694** wurde Friedrich August I. (August der Starke) Kurfürst. In seiner Regierungszeit bis 1733 entstanden Zwinger, Kreuz- und Frauenkirche in der Altstadt sowie die Schlossanlagen von Pillnitz und Moritzburg in der Umgebung.
- **1697** wurde der sächsische Kurfürst als August II. König von Polen.
- **1710** gründete August die Porzellanmanufaktur, die noch 1710 nach Meißen umzog.
- **1756** wurde Dresden im Siebenjährigen Krieg von preußischen Truppen besetzt.
- **1806** wurde Sachsen nach seinem Beitritt zum Rheinbund Königreich.
- **1813** errang Napoleon bei Dresden seinen letzten Sieg.
- **1815** erhielt Preußen nach dem Wiener Kongress zwei Drittel des sächsischen Territoriums.
- **1830** Erste sächsische Verfassung.
- **1837** wurde die Sächsisch-böhmische Dampfschiffahrtsgesellschaft gegründet.
- **1839** wurde die Bahnlinie Leipzig-Dresden eröffnet.
- **1838–1841** entstand das erste Hoftheater unter Gottfried Sempers Leitung, brannte jedoch 1869 ab.
- **1842** wurde Richard Wagner Hofkapellmeister.
- **1849** ereignete sich der Maiaufstand der bürgerlich-demokration Revolution, Wagner und Semper mussten wegen ihrer Beteiligung fliehen.
- **1870–1878** leitete Sempers Sohn Manfred den Wiederaufbau der Semperoper.
- **1901** eröffnete die erste Bergschwebebahn der Welt in Loschwitz.
- **1905** gründete sich die expressionistische Künstlervereinigung ›Brücke‹.
- **1908** wurden die Gartenstadt Hellerau und die Deutschen Werkstätten gegründet.
- **1920** wurde Dresden Hauptstadt des Freistaates Sachsen.
- **1933** vertrieben die Nationalsozialisten Regimegegner wie SPD-Oberbürgermeister Wilhelm Kültz, entließen Otto Dix und Victor Klemperer aus dem Lehramt und zerrten Fritz Busch vom Dirigentenpult.
- **1945** zerstörten britische und amerikanische Bomber vom 13. bis zum 15. Februar das Stadtzentrum und töteten mehr als 30 000 Menschen. Am 8. Mai rollten Panzer der Roten Armee in die Stadt.
- **1946** vereinigten sich KPD und SPD Sachsens zur SED.
- **1949** Gründung der DDR (7. Oktober)
- **1952** wurde die Landesregierung Sachsens aufgelöst und Dresden Bezirkshauptstadt.
- **1990** wurde Dresden nach der Wiedervereinigung erneut Landeshauptstadt des Landes Sachsen.
- **1993** wurde die Ruine der Frauenkirche für den Wiederaufbau geräumt.
- **2002** überfluteten Weißeritz und Elbe die Innenstadt und Ufergebiete.
- **2004** kehrte das Grüne Gewölbe ins sanierte Schloss zurück.
- **2005** wird die Frauenkirche eingeweiht.
- **2006** feiert Dresden sein 800-jähriges Bestehen.

Spezialführung für Freunde des Zoos

quintessenz-hotels.de. In einem Geschäftszentrum integriertes Hotel. 72 Z., 2 App.

Dresden-Cotta: €€ **Mercure Elbpromenade**, Hamburger Str. 64–68, Tel. 0351/42520, Fax 4252420, www.hotel-mercure-dresden.de. Aussicht auf die Radebeuler Weingärten, nahe der Elbe gelegen. 103 Z.

Dresden-Tolkewitz: € **Alttolkewitzer Hof**, Alttolkewitz 7, Tel. 0351/2510431, Fax 2526504, www.alttolkewitzer-hof.de. In nahe den Elbauen gelegenem Gasthof. 24 Z.

Jugendunterkünfte

Jugendherberge ›Rudi Arndt‹, Hübnerstr.11, Tel. 4710667, www.djh-sachsen.de.

Hostels: Die Boofe, Hechtstr. 10, Tel. 8013361, www.boofe.de. In der Äußeren Neustadt mit Fahrradausleihe, Sauna und Stadtführungen.

Hostel Mondpalast, Katharinenstr. 11–13, Tel. 5634050, www.mondpalast.de. mitten im Szene- und Kneipenviertel Neustadt – mit Fahrradausleihe und Waschsalon.

Lollis Homestay, Görlitzer Str. 34, Tel. 8108458, www.lollishome.de. Mitten in der Neustadt mit komplett eingerichteter Küche.

Kinder in Dresden

Für Kinder aller Altersstufen gibt es in Dresden wie in der Sächsischen Schweiz eine Menge zu entdecken und zu tun: Spaß machen **Fahrten** mit dem Schaufelraddampfer, mit der **Schmalspurbahn ›Lößnitzdackel‹** nach Radebeul, um Winnetous Silberbüchse im **Karl-May-Museum** (s. S. 107) sehen, mit der **Parkeisenbahn** durch den **Großen Garten** (s. S. 89) in den **Zoo**, zum Puppentheater **›Sonnenhäusl‹**, zu Caroloaschlösschen und Carolasee oder mit dem Rad an der Elbe entlang. Ist das Wetter mal nicht so schön, sollte man im **Deutschen Hygiene-Museum** (s. S. 57) erkunden, wie Menschen von innen aussehen, die **Puppentheatersammlung** (s. S. 57) besuchen oder im **Verkehrsmuseum** (s. S. 41) die große Modelleisenbahn bestaunen. Im **Erich-Kästner-Museum** (s. S. 57) können die Größeren interaktiv stöbern. Und da man für **Märchen** nie zu alt ist, lauscht man, was unter der orientalisch anmutenden farbigen Glaskuppel der **Yenidze** (s. S. 55) und in der **Festung Dresden** unter der Brühlschen Terrasse erzählt wird. In der Sächsischen Schweiz wandern auch Kinder mit Begeisterung und sei es nur zu einer Winnetou-Aufführung auf die Felsenbühne Rathen (s. S. 56).

Notrufe

Polizei Tel. 110

Feuerwehr, Rettungsdienst Tel. 112

Krankentransport Tel. 19222

Ärztebereitschaft Tel. 19292

Apotheken-Bereitschaftsdienst Tel. 0900/1362243; ein Bereitschaftsdienstplan hängt an jeder Apotheke aus

Autopannenhilfe (ADAC) Tel. 0180/2222222

Öffentlicher Nahverkehr

Die wichtigsten öffentlichen Verkehrsmittel sind Straßenbahnen und Busse sowie die im Stadt- und Vorortbereich verkehrende S-Bahn (S 1: Meißen-Triebischtal – Radebeul – Dresden-Neustadt – Dresden-Hauptbahnhof – Heidenau – Pirna – Rathen – Königstein – Schöna; S 2: Dresden-Grenzstraße – Flughafen – Langebrück – Radeberg – Arnsdorf; S 3: Dresden-Hauptbahnhof – Freital – Tharandt).

Nahverkehrsauskunft: Servicetelefon der Dresdner Verkehrsbetriebe 0351/8571011; Servicetelefon des Verkehrsverbundes Oberelbe 0180/22662266.

Restaurants

Preise:

€€€€	Hauptspeisen	über 20 €
€€€	Hauptspeisen	15–20 €
€€	Hauptspeisen	10–15 €
€	Hauptspeisen	5–10 €

Dresden-Altstadt: €€€€ **Intermezzo** (Kempinski Taschenbergpalais), Taschenberg 3, Tel. 0351/49120, www.kempinski-dresden.de. In gediegener Eleganz serviert man klassische und mediterrane Küche.

€€€ **Lesage**, Lennéstr. 1, Tel. 0351/4204250. Elegantes Bistro in der Gläsernen Manufaktur von VW. Terrasse.

€€ **Kuppelrestaurant in der Yenidze**, Weißeritzstr. 3, Tel. 0351/4905990, www.kuppelrestaurant.de. Regionale, internationale und orientalische Küche.

€€ **Ogura**, An der Frauenkirche 5, Tel. 0351/8642975, Ruhetag: Mo. Sushi und vorrangig Fisch werden hier fernöstlich zubereitet.

€€€/€€ **Alte Meister**, Theaterplatz 1a, Tel. 0351/4810426, www.altemeister.net. In den Räumen des ehemaligen Braun'schen Ateliers. Terrasse mit Blick auf die Oper.

€€ **Pulverturm**, An der Frauenkirche 12, Tel. 0351/262600. Deftige bürgerliche Küche, rustikales Ambiente.

€€/€ **Italienisches Dörfchen**, Theaterplatz 3, Tel. 0351/498160, www.italienisches-doerfchen.de. Historisches Haus in exponierter Lage mit mehreren Restaurants, Biergarten und Elbterrassen.

Dresden-Neustadt: €€€€/€€€ **Am Glacis**, Glacisstr. 8, Tel. 0351/8036033, www.am-glacis.de, Ruhetage: Sa. mittags, So. Restaurant und Bistro-Vinothek mit überwiegend französischer Küche. Terrasse.

€€ **Kö Nr. 5**, Königstr. 5a, Tel. 0351/8024088, www.koe5.de. Gutbürgerliche Küche, netter Service und ein romantischer Innenhof.

€€€ **Drachen**, Bautzner Str. 72, Tel. 0351/8041188, www.drachen-dresden.de, Ruhetage: So abends, Mo. Historische Schänke in schöner Elbuferlage in Bistromanier mit langen Bartresen. Terrasse.

€€ **Villandry**, Jordanstr. 8, Tel. 0351/8996724, www.villandry.de, Ruhetag: So. Sehr gute klassische und mediterrane Gerichte für Jung und Alt. Manchmal Live-Musik, Terrasse vorhanden.

€€€€ **Caroussel L'Art de Vivre-Restaurant**, Rähnitzgasse 19, Tel. 0351/80030, www.buelow-residenz.de, Ruhetage: Mo., So. Eine der besten Küchen Sachsens. Vorwiegend Menüs, Terrasse.

Dresden-Kleinzschachwitz: €€€/€€ **Kurhaus Kleinzschachwitz**, Berthold-Haupt-Str. 128, Tel. 0351/2001996, www.kurhaus.net. Verschiedene Gaststuben, in denen man bürgerliche Küche und nachmittags ein kleines Kuchenbüfett anbietet.

Dresden-Mickten: €€€ **Wirtshaus Lindenschänke**, Altmickten 1, Tel. 0351/8599577. Der Biergarten mit 100-jährigen Linden sowie die rustikale Gaststube mit Kachelofen laden zum Verweilen ein.

Dresden-Lockwitz: €€€ **Landhaus Lockwitzgrund**, Lockwitzgrund 100, Tel. 0351/2710010, www.landhaus-lockwitzgrund.de, Ruhetag: Mo. Im liebevoll restaurierten Stallgebäude der alten ›Makkaroni-Fabrik.

Stefan Hermann serviert im ›Caroussel‹ Allerfeinstes

Dresden-Friedrichstadt: €€ **Fischhaus Alberthafen**, Magdeburger Str. 58, Tel. 0351/4982110, www.fischhaus-alberthafen.de. Beliebtes Fischrestaurant.

Dresden-Blasewitz: €€€ **Villa Marie**, Fährgässchen 1, Tel. 0351/315440, www.villa-marie.com. Historische Villa mit hübscher Einrichtung, toskanischer Küche und schönem Blick auf das Blaue Wunder. Im Sommer gibt es Plätze im Freien auf der Terrasse.

Dresden-Briesnitz: €€€€ **Gourmet Restaurant Pattis**, Merbitzer Str. 53, Tel. 0351/42550, www.pattis.de, Ruhetage: So., Mo. Restaurant mit anspruchsvoller Ausstattung und lobenswerter Gourmetküche.

Dresden-Pillnitz: €€€ **Patricks Kaminrestaurant im Schloss Hotel**, August-Böckstiegel-Str. 10, Tel. 0351/26140, www.schlosshotel-pillnitz.de, Ruhetag: So. In elegantem Rahmen kann der Gast hier zwischen französischer und deutscher Küche wählen.

Dresden-Weißer Hirsch: €€€ **Luisenhof**, Bergbahnstr. 8, Tel. 0351/2149960, www.luisenhof.org. Regionale Spezialitäten und einmaliger Panoramablick auf Dresden.

Umgebung: €€€ **Vincenz Richter**, An der Frauenkirche 12, Meißen, Tel. 03521/453285. Das Lokal gilt seit 1513 als Garant für gute sächsische Küche und Weine.

€€ **Churfürstliche Waldschaenke**, Tel. 035207/8600. Im Wildgehege mit Biergarten, die Küche serviert Wild und Fisch.

€€€ **Romantikhotel Deutsches Haus**, Niedere Burgstr. 1, Tel. 03501/46880. Weinstube in herrlichem Renaissancehaus und Gartenlokal.

€€€ **Tapas-Tapas Malaga**, Niedere Burgstr. 6, Tel. 03501/442341. Einer der beliebtesten Spanier in der Umgebung.

€€€ **Spitzhaus**, Spitzhausstr. 36, Tel. 0351/8309305. Restaurant mit Biergarten und Aussicht auf Elbe und Weinberge.

Schifffahrten

Neun Raddampfer, die ältesten mehr als 125 Jahre alt, sind vom 1. Mai bis Saisonende auf der Elbe unterwegs. Man fährt vom Terrassenufer in der Altstadt in die Sächsische Schweiz oder elbaufwärts an der Weinstraße entlang bis nach Meissen. Abends werden Jazz-, Dixieland- (Mai–Okt. Fr., Sa. ab 19.30 Uhr) und Sommernachtsfahrten (Mai–Sept. jeden Sa. ab 20.00 Uhr) mit Tanz und Buffet angeboten. Fahrplanauskunft Tel. 0351/8660940.

Shopping

Altstadt: Altmarktgalerie, Webergasse. Sie zählt mit ihren 100 Geschäften, Cafés und Schlemmermarkt zu einem der schönsten neu gebauten Einkaufszentren Europas.

Bäckerei ›Kreutzkamm‹, Seestr. 9. Spezialität des Hauses ist der Baumkuchen.

Hotel Dresden Hilton, An der Frauenkirche 5. Ein Geschäft im Erdgeschoss verkauft feinstes Meißner Porzellan.

Kunsthandwerk an der Kreuzkirche, Kreuzstr. 6. Sächsische Volkskunst.

Sachsenmarkt, Lingnerallee. Dresdens größter Wochenmarkt mit über 200 Händlern immer Fr. 8.00–17.00 Uhr – von der Spreewaldgurke bis zum Kunsthandwerk vieles aus heimischer Produktion.

Neustadt: Toppboden, Bautzner Str. 79. Keramik.

Wein- und Spirituosenkontor, Königstr. 4. Nicht nur Sächsischer Wein.

Shirley Hoffmann Goldschmiede, Königstr. 11.

Atelier Jappé Hutdesign Jacqueline Peevski, Bautzner Str. 6. Tolle Kreationen!

Le Bagage, Königstr. 8. Handtaschen, Business- und Reisegepäck.

Calzadór, Rothenburger Str. 32. Trendladen für Schuhe.

Am Goldenen Reiter, Hauptstr. 17–19. Altes Meißner Porzellan.

Büchers Best, Louisenstr. 37. Atmosphäre zum Stöbern bei guter Musik.

Blue Child, Kunsthofpassage (Alaun-/Ecke Görlitzer Straße). Alles rund um schönes Papier und Geschenkideen.

Trödelmarkt: Immer samstags gibt es am Käthe-Kollwitz-Ufer unterhalb der Albertbrücke einen Trödelmarkt – direkt an der Elbe.

Sport

Fußball: Rudolf-Harbig-Stadion, Lennéstr. Hier ›bebbelt‹ der FC Dynamo Dresden, der wieder in die 2. Bundesliga aufgestiegen ist.

Nachtskaten: Von April bis Oktober kann man am Georgsplatz (gegenüber dem Rathaus) freitags um 21.00 Uhr starten zu einer Tour durch das nächtliche Dresden – an jedem dritten Freitag wird danach gefeiert.

Pferderennen: Galopprennbahn Dresden-Seidnitz, Oskar-Röder-Str. 1, Tel. 0351/2561018, S-Bahn: Bhf. Reick (S 1). Galopp- und Hindernisrennen an Wochenenden, manchmal auch mittwochs.

Rad fahren: Vom insgesamt 860 km langen Elberadweg von Cuxhaven bis zur tschechischen Grenze führen 260 km durch ein besonders schönes Stück Natur wie die Elbwiesen, Dresden und durch den Nationalpark Sächsische Schweiz. Meist ist der Radweg geteert und mit einem blauen ›e‹ gekennzeichnet. Bis zu 120 radlerfreundliche

Goldschmiedin Shirley Hoffmann bei der Arbeit

Unterkünfte gibt es (Streckenführung, Unterkunft, Fauna und Flora: www.elberadweg.de). Die Tourist-Information bietet auch eine Stadtrundfahrt per Rad an. Fahrradverleih am Bahnhof Dresden-Neustadt, Tel. 0351/4615601, Mo.–Fr. 6.00–20.00, Sa., So. 8.00 bis 20.00 Uhr.

Schlittschuhlaufen: Kunsteisbahn (Mitte Okt.–Anf. März) und Eissporthalle (Anf. Sept.–Mitte April), Tel. 0351/4964024.

Schwimmen: Freibad und Schwimmhalle Georg-Arnhold-Bad, Hauptallee 2 (am Großen Garten), Tel. 4942203, tgl. 9.00–22.00 Uhr.

Wandern: Die Sächsische Schweiz ist mit 1200 km markierten Strecken ein beliebtes Wandergebiet, und wer sich nicht gerade in den Ferien und am Wochenende zwischen den Hauptsehenswürdigkeiten bewegt, genießt manchen Weg allein. Auskunft und Karten beim Nationalparkzentrum in Bad Schandau, Tel. 035022/50240.

Stadtführungen

Verschiedene Anbieter starten mehrmals täglich ab Postplatz/Zwinger und Theaterplatz/Augustusbrücke zu Stadtrundfahrten, Abendrundgängen, Zwingerführungen (Stadtrundfahrt Dresden, Tel. 0351/8995650); in der Weihnachtszeit zu Stollenfahrten oder Fahrten in die Radeberger Brauerei (Hamburger Hummelbahn, Tel. 4940404); Straßenbahnrundfahrten, Semperoperführungen und zur Verkostung ins Sächsische Staatsweingut Schloss Wackerbarth (Dresdner Verkehrsbetriebe AG, Tel. 0351/28570).

Igeltour: Tel. 0351/8044557, www.igeltour-dresden.de. Für unkonventionelle thematische Führungen unterschiedlicher Art, Rad- und Bustouren in Dresden und Umgebung hat **igeltour** einen guten Namen.

Rikscha-Tour: Tel. 8030770. In bequemen modernen Rikschas für zwei Personen zieht die Stadtlandschaft gemächlich vorbei.

Taxi

Tel. 0351/211211 (Funktaxi), Tel. 0351/88888888 (Taxi- und Limousinendienst).

Register

Fette Ziffern verweisen auf Abbildungen.

Zeichenerklärung

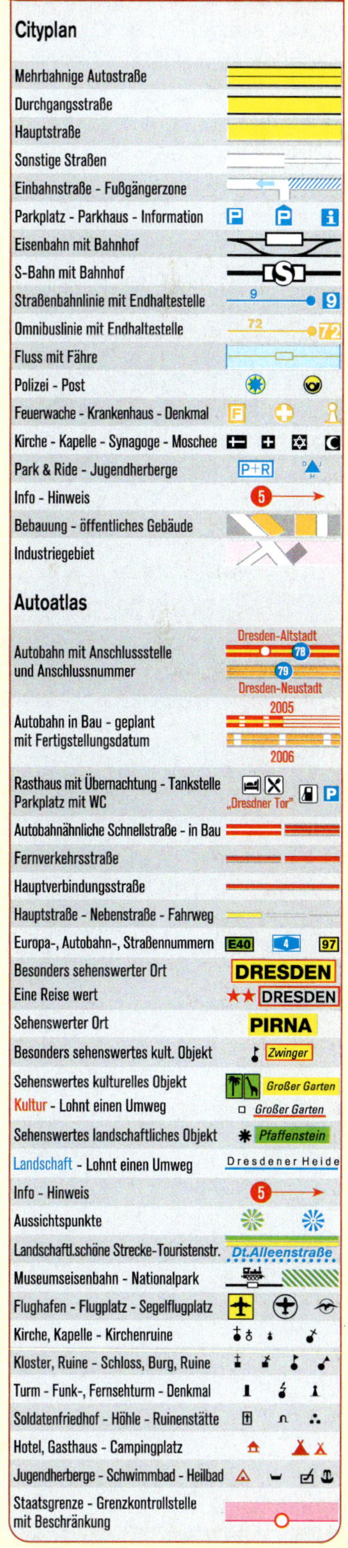

Impressum

Verlag: HB Verlag, Marco-Polo-Zentrum, 73760 Ostfildern, Postfach 3151, 73751 Ostfildern, Tel. 0711/4502-0, Fax 0711/4502-135, www.hb-verlag.de, hb@mairs.de
Geschäftsführer: Dr. Thomas Brinkmann, Dr. Stephanie Mair-Huydts
© HB Verlag 2005, für den gesamten Inhalt, soweit nicht anders angegeben
Chefredaktion und Programmleitung: Rainer Eisenschmid, Birgit Borowski
Redaktion: Margit Grünewald
Text: Gisela Buddée, Berlin
Exklusiv-Fotografie: Martin Kirchner, Berlin (Titelbild: Zwinger)
Zusätzliches Fotomaterial: Dittrich, Silvio: S. 27; Ihlow, Frank: S. 39; Schöner, Jörg: S. 26/27
Grafische Konzeption und Layout: CYCLUS · Visuelle Kommunikation, Stuttgart
Kartografie: © MAIR DUMONT GmbH & Co. KG, Ostfildern
HB Bildatlas Fotoservice: HB Verlag, Marco-Polo-Zentrum, 73760 Ostfildern, Tel. 0711/4502-266, Fax 0711/4502-1006, nebel@mairs.de

Für die Richtigkeit der in diesem HB Bildatlas angegebenen Daten – Adressen, Öffnungszeiten, Telefonnummern usw. – kann der Verlag keine Garantie übernehmen. Nachdruck, auch auszugsweise, nur mit vorheriger Genehmigung des Verlages. Erscheinungsweise: monatlich.

Anzeigenalleinverkauf: KV Kommunalverlag GmbH & Co. KG, MediaCenterMünchen, Postfach 810565, 81905 München, Tel. 089/928096-44/-52, Fax 089/928096-62, kramer@kommunal-verlag.de, www.mediacentermuenchen.de
Vertrieb Zeitschriftenhandel: Partner Pressevertrieb GmbH, Postfach 810420, 70521 Stuttgart, Tel. 0711/7252-227, Fax 0711/7252-310
Vertrieb Abonnement: Zenit Pressevertrieb GmbH, Postfach 810640, 70523 Stuttgart, Tel. 0711/7252-265, Fax 0711/7252-333, hbverlag@zenit-presse.de
Vertrieb Buchhandel und Einzelhefte: MAIR DUMONT GmbH & Co. KG, Marco-Polo-Zentrum, 73760 Ostfildern, Tel. 0711/4502-0, Fax 0711/4502-340
Reproduktionen: Otterbach Medien KG GmbH & Co., Rastatt
Druck und buchbinderische Verarbeitung: Echter Druck GmbH, Würzburg. Printed in Germany

ISBN 3-616-06180-6

Tulpen und Windmühlen, Käse und Holzpantinen – das Hollandklischee existiert. Doch sind die Niederlande weit mehr, Frieslands und Zeelands Wassersportparadiese, das ›gebirgige‹ Limburg und das lukullische Nord-Brabant oder das herzogliche Gelderland beispielsweise.

Im Süden Norwegens liegen die höchsten Berge und die tiefsten Fjorde des Landes, die alte Hansestadt Bergen und die Hauptstadt Oslo, das Wanderparadies Hardangervidda, Bauerntäler mit lebendiger Kultur und auch das dank Nordsee-Erdöl boomende Stavanger.

Von Lübeck bis Flensburg ist viel Badespaß an Stränden und Seen garantiert. Charmante Hafenorte und einzigartige Kulturstädte sind zu entdecken. Weltoffen und maritim gibt sich die Landeshauptstadt Kiel, aber auch die Natur spart nicht mit ihren Reizen.

Lieferbare Ausgaben

HB Bildatlas

Deutschland

227 Allgäu
198 Altmühltal
204 Bayerischer Wald
235 Berlin
235 Berlin (englische Ausgabe)
185 Bodensee
111 Brandenburg
178 Chiemgau · Berchtesgadener Land
274 Dresden · Sächsische Schweiz
256 Eifel · Aachen
260 Elbe und Weser
163 Erfurt · Weimar · Nördliches Thüringen
171 Erzgebirge · Vogtland · Chemnitz
190 Fichtelgebirge · Frankenwald · Coburger Land
242 Frankfurt · Taunus · Rheingau
269 Fränkische Schweiz
253 Hamburg
253 Hamburg (engl. Ausgabe)
73 Hannover · Braunschweiger Land
263 Harz
188 Hessisches Bergland
234 Hunsrück · Naheland · Rheinhessen
233 Leipzig · Halle · Magdeburg
209 Lüneburger Heide
137 Mainfranken
179 Mecklenburgische Seen
240 Mecklenburg-Vorpommern
151 Mittelfranken
249 Mosel
165 München
255 Münsterland · Münster
159 Nordseeküste Schleswig-Holstein
196 Oberbayern zwischen Lech und Inn
271 Odenwald · Bergstraße
219 Osnabrücker Land · Emsland · Oldenburger Münsterland · Grafschaft Bentheim
155 Ostbayern zwischen Donau und Inn
211 Ostfriesland · Oldenburger Land
168 Ostseeküste Mecklenburg-Vorpommern
277 Ostseeküste Schleswig-Holstein
215 Pfalz
194 Potsdam · Havelland
243 Rhein zwischen Köln und Mainz
208 Rügen · Usedom · Hiddensee
161 Saarland
258 Sachsen
114 Sachsen-Anhalt
268 Sauerland
200 Schwäbische Alb
266 Schwarzwald · Norden
214 Spreewald · Lausitz · Märkisch-Oderland
247 Südlicher Schwarzwald
224 Sylt · Amrum · Föhr
182 Tauber und Neckar · Stuttgart · Heilbronn · Rothenburg
173 Teutoburger Wald · Ostwestfalen
261 Thüringen
141 Thüringer Wald
202 Trier
237 Weserbergland

Benelux

246 Amsterdam
187 Flandern · Brüssel
62 Luxemburg
275 Niederlande · Inseln · Küste

Frankreich

160 Atlantikküste
122 Bretagne
217 Burgund
225 Côte d'Azur · Monaco
222 Elsass
221 Korsika
132 Normandie
229 Paris
192 Provence
184 Südfrankreich · Languedoc-Roussillon

Griechenland

193 Athen · Peloponnes
140 Griechische Inseln: Kykladen
189 Korfu · Ionische Inseln
228 Kreta
104 Rhodos · Dodekanes
166 Zypern

Grossbritannien · Irland

158 Irland
197 Kanalinseln
175 London
231 Nordengland
144 Schottland
241 Südengland
216 Wales

Italien · Malta · Kroatien

195 Adriaküste · Emilia-Romagna
239 Gardasee · Trentino
156 Golf von Neapel · Kampanien
265 Italienische Riviera
238 Kroatische Adriaküste
254 Malta
210 Mittelitalien: Marken · Umbrien · Abruzzen
270 Oberitalienische Seen · Mailand
230 Piemont · Aostatal
226 Rom
264 Sardinien
232 Sizilien
201 Süditalien: Apulien · Basilikata
207 Südtirol
267 Toskana
181 Venedig · Venetien · Friaul · Triest

Mittel- und Osteuropa

164 Böhmen
148 Danzig · Ostsee · Masuren
248 Prag
152 St. Petersburg
244 Südpolen

Österreich

162 Burgenland
170 Kärnten
199 Niederösterreich · Wachau
218 Oberösterreich
220 Salzburger Land · Salzkammergut · Salzburg
174 Tirol
206 Wien

Schweiz

154 Basel · Bern · Aargau · Solothurn
172 Tessin
191 Westschweiz

Spanien · Portugal

236 Algarve · Lissabon
223 Andalusien
150 Costa Blanca
262 Costa Brava · Barcelona
176 Gran Canaria · Fuerteventura · Lanzarote
213 Ibiza · Menorca
259 Kanarische Inseln
245 Lanzarote
212 Mallorca
203 Nordportugal
205 Nordspanien
177 Teneriffa · La Palma · Gomera · Hierro

Skandinavien

183 Bornholm
186 Jütland
180 Nordnorwegen
276 Norwegen · Süden
169 Südfinnland · Helsinki
250 Südschweden · Stockholm

Türkei

252 Türkische Mittelmeerküste

Außereuropäische Ziele

273 Australien Osten · Sydney
251 Kanadas Westen
272 New York
257 Südafrika

HB Bildatlas Special

Afrika · Naher Osten

67 Ägypten
64 Arabien: V. A. Emirate · Oman · Kuwait · Qatar · Bahrain
52 Indischer Ozean: Madagaskar · Mauritius · La Réunion · Seychellen · Komoren
17 Israel
72 Marokko
61 Namibia
41 Syrien
71 Tunesien · Libyen

Australien · Ozeanien

45 Australien: Westen
18 Neuseeland
38 Südsee

Europa

54 Madeira · Azoren · Kapverden

Süd- und Südostasien · Ferner Osten

12 Bali · Lombok · Java
10 Hongkong
53 Indien: Rajasthan · Delhi · Agra
39 Indien: Südindien
43 Peking
69 Philippinen
34 Sri Lanka und Malediven
49 Südkorea
70 Thailand
36 Vietnam

Süd- und Mittelamerika · Karibik

44 Argentinien
57 Chile
55 Dominikanische Republik · Haiti
63 Ecuador und Galápagos-Inseln
60 Jamaika
65 Kleine Antillen: Antigua · Guadeloupe · Martinique · Barbados u. a.
33 Kuba
73 Mexiko
40 Mittelamerika: Guatemala · El Salvador · Honduras · Belize
51 Peru

USA · Kanada

58 Alaska
62 Florida
2 Kalifornien
32 Kanadas Osten
68 Las Vegas · Grand Canyon
46 Neuengland · Boston
35 Nordkalifornien · San Francisco
56 Nordwesten: Washington · Oregon
66 Route 66
42 Südkalifornien · Los Angeles
37 Südstaaten · Washington D. C.
26 Südwesten: Nevada · Utah · Arizona · New Mexico
59 Texas

HB Bildatlas Sonderausgaben

24 Ski-Special Alpen 2005
25 Alpen Special 2005

Willkommen in Dresden und Umgebung

Willkommen in Dresden und Umgebung